108 Wordsearch Puzzles For true LOGOPHILES!

Find more at SnarkandWhimsy.com & Amazon

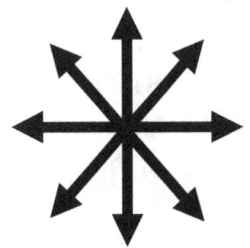

Puzzles for Logophiles 1

```
X Q W O O Z A G Y N N A R E K L A T L M B
M Q A I N A M O T U E T E F G K P K R M P
G A E Z I W M D N E N I V E D R E B A Q S
X Z G Z C Q S O M N A M B U L A T E S O O
S S C O U U M F O E L O P O I L B I B T O
T K E L N E B V L L E X Z C Z E U S Z L O
K M U Y X E T X W G U R O E Z X E J O I E
Q M G S M N J M J M A T E D G I X M L Z X
A D O U N R H U B A R B J Y D A E E R R E
I M L F M I S X K H J A G Z W R I Y N R A
N N L F I G K A P B E D A N T O Z D E N N
A K O E X H E E A R I H R C E L E E B A T
M L C R G T R H O P I B Y D X W Q U D K I
O I B B X I F G G O O D L Y Z D C J M G B
L I S O A W E J T F Q P L I H Z U D A N R
G X Z S C N B H H S L E U K O V Q W U H O
N J T Q E R D M W O O D B Z A T D I Y H M
A E R S L N A O J W C F X N U F A I A G I
R B I I P J B C R P J U T C L E K P H A C
R S S W H S R T Y E N O O D I R B M H P K
D P U L L A S T R I N E Y R O T I B I B T
```

TEUTOMANIA	ABERDEVINE	ADJUVANT
AEROGENESIS	AGONE	ALBOCRACY
ALEXIA	ANGLOMANIA	ANTIBROMIC
BANDORE	BEELE	BIBITORY
BIBLIOPOLE	BIBLIOTAPH	BRIDOON
BULLYRAG	COLLOGUE	GOODLY
PERIASTER	PULLASTRINE	QUEENRIGHT
RANNYGAZOO	RHUBARB	SOMNAMBULATE
SUFFER	TREMOLO	WOOD
ZYDECO		

Puzzles for Logophiles 2

```
K G H Z X C I T S I L O E A B Z K T U A S
F D P P Z F X N T B H A N N A L A A C J O
L Y R N T S H A M S I H C Y S P N A P H B
A B I L G E M R N M E T N O C B R Y R V A
P M Y A D E N O G R A P H Y C P U W V A E
D S B L N T H K C A M N K E O O V E F N C
O I M D C M A L I S O N F U V F V I N O Q
O N E H M Q R Y N C B V S P J E S Y J R K
D E Y S Q B R E E D B A T E H Y R R X C L
L M L L W U E R R A G A B C P C Q B H H A
E U R A G S E I F B Y A W Y T J D E A O C
T N G C D V H L M G F A B L U T I O N U I
U D U X H Z K O L A M T D O N D A P F S P
S J S D V R S D O I M X E A R B E J T J A
I E A A V W R A S L O A M L R T Y H T E B
Y R T A P S T E R S Y L K A B A U E K H A
M S I L A R O M M I O D D C D D R A G Z Q
U V A E C M H X K O B A R D O D P P R Z O
F R A C V R R T H M N Y A A A C V Z M Y Y
T Z D N J Z V C O T Z X R I G M A R O L E
K X Q A C S S C M U R D N A J N A P T T S
```

GARDYLOO!	PANJANDRUM	RIGMAROLE
ABAPICAL	ABLUTION	ABORTUARY
ABRADANT	ACARPOUS	ADDAX
ADENOGRAPHY	AEOLISTIC	ALANNAH
AMENDE	ANORCHOUS	BAGARRE
BILGE	BREEDBATE	BREVE
COCKAMAMIE	CONTEMN	FLAPDOODLE
IMMORALISM	MALISON	NUMENISM
PANPSYCHISM	QUELLIO	SCHOOLMAN
TAPSTER		

Puzzles for Logophiles 3

```
J D X D X N I Z E N Y W T R H W S Z P G M
Q Z Y B J G G M L V E F N V R C A S S R D
X J O C D P K H E R I N U J F F I T V N C
E Q Q K R Z G W D L E T I G M P Y O U W I
F Y H C R A T U L P Y N N D D Y S L K M T
U P M E L B I L A S P X S E U O I I Y P S
P T E L G A X N G M H R E I G A G D F O E
B B N I E U K R E I X E L G G A L V J O I
R R Q M M E M X L K X D L D O N T A H H P
Y O E R U B B P N I C G E M E N T T C Y O
A C X Y E Y R A O B F I U X F V T A T L S
H K T U T W U O T R O T U S I M L I A L I
R F C W G I Z D G Q E U G Q Y N E M Z A G
Z A B Z O K W E U L U O N O E Z N A D B Z
E C L S J F Z A J N I H N L R U I N E W H
I E Y J U I I W B E N O I T E D R Y T H M
T D P I A N L P F Q Y I M L A D A D A F P
E E E B G P F J M L D W T R P S M A U A L
O T S B Q Y R A I L I B A R T A O O T A I
P H H B I N D E N W U K Y L P M H E C T R
A N C Z I R O V L S B O U R S O C R A T I
```

ACTUATE	ADYNAMIA	AGENTIVE
AGLET	ALAUDINE	ALIBLE
ATRABILIARY	BAIZE	BALLYHOO
BLYPE	BOUN	BOURSOCRAT
BROCKFACED	ENSIGN	GEMENT
HOMARINE	IMBROGLIO	ISOPIESTIC
PLUTARCHY	PORE ON	QUAIN
QUICKEN	STOLID	SUBTLE
XU	XYLEM	YAHRZEIT
YE	ZATCH	

Puzzles for Logophiles 4

```
Q N A F N O I R A U Q T S N B T N E Y F Q
A G Y I O P H O B I A X R U O O Q H G G S
U M G K E S S F K F D E Q S T I D H D L R
V Q M B B A S I L I C A T I D Q O Z U L B
T N O I N R E T A U Q V A A N N L H Q B A
D B A L U S T R A D E W J B L N U I P D I
Y H D W B I D I U G N A L N E U F O I J T
E L D A E B J T J M Y E A I Q C D Z Z O A
V T C P J J N A Y X L C J K L M A N R J R
D C H B N V M Y Z P A O A K P L S L U J C
U G O X H U J L U R K B O R N T E K N E A
A P C Z R N U T R C L C S A C D X I U A K
L M U T K F O A A U A H D I F O G P S I X
G Y B I H U B C B G I N B N G N R N R T T
I B U I Q S M F Y Q H B R A Z R A T A T D
C U C E O N I B G N T T A M H Q P S E H K
I C K S S E R P P O N I I O E I K D J M A
D C R C U K Z P G N I M L M T S R I Z I A
E U A P A M R M G U S E S O O F D H H F P
I L M L N R N V G G B R X T D V R R H Y U
W A L T B X A W E T A N N E P I V E R B Y
```

ABSINTHIAL
ALGICIDE
BARRACAN
BRAILS
BUCKRAM
LANGUID
OPPRESS
QUOTUPLE
UNDULATE

ACRATIA
ANLACE
BASILICA
BREVIPENNATE
CACK
METROCRACY
QUARION
REMIT
WAIT ON

AGYIOPHOBIA
BALUSTRADE
BEADLE
BUCCULA
ILLEIST
NAY
QUATERNION
TOMOMANIA
ZOUNDS

Puzzles for Logophiles 5

```
R R Z E T A L O E V L A E R F F C M Q S L
O O G W E A P I V O R O U S L I Y R L L A
H U G Z X B J D K J B V Q R G N A O O S B
N M R W A Z O Z Q R Z X H O T D N C Z G R
P W I A V B E L O O Y G H C V B W H C B E
S K M G S U T S T A N R I E A L S E R T V
Y Z G T F T D F N R R N S N P W X A G A I
C G R Z D A E G I O O P P W H I C E L N B
H E I N E O L R I H E P J K T H T J L T Y
O L B O R A B H P R W G E M A F B R T I Q
M B B B H S C A A R Y E D L S I Y T P P W
O O E Z K S R T U P F N N U A U Z X T H B
R D R C I D E E M R W P P C D D B I E R Y
P O S P A G L U Z S F M N W H C X F U A A
H S I U L E R C X J T T U B P J K U W S Z
I A Q I T C S N I C K E R S N E E N Z I C
S P V A S D A V J S S E M R E K Y X F S P
M I B V L M A N Y S R A C C E S S I T F Y
D B A D E M P T I O N M S I T E I U Q R Y
I Q F B D I H J B A C C H A N A L B Z G I
B A N T E N G L A N R E T I V E A U N Q A
```

DUDGEON	SNICKERSNEE	ACCESSIT
ADEMPTION	ADSORB	ADVESPERATE
AEVITERNAL	ALVEOLATE	ANTIPHRASIS
APIVOROUS	BACCHANAL	BANTENG
BATELEUR	BIVERBAL	BOLTROPE
BRACHAL	BUTT	GRIMGRIBBER
ISCHIORRHOGIC	KERMES	LIVID
PASO-DOBLE	PSYCHOMORPHISM	QUADRAPHONIC
QUIETISM	ROCHE	SCRUMPY
URASTER	WENCH	YAWNY

Puzzles for Logophiles 6

```
H S U Q Y P O R H T N A C Y L O X D W W B
H U M C H Z W O A N T I B L A S T I C P R
E C O H O P K P Z P Y D E R R I E R E L O
T C T I W E L B J G I V Z Q R Y P J Y C T
E U V F Y L Z Q O G F A O U V P Y E V N A
R B I G S D E L D H P L R A F G C J I E M
A U S R C A O N F E A W P I U R J L T S E
R S H N D T W R J H T W T A A K F I N I T
C L C O T I U V T S I H F F I N W C A O E
H Y R A J I L I Q T N J F F S M H A T S R
Y A B K T J W Y T Q E B K R O H E T F C Z
L O H D E L G G A D E B S O M A N E M I X
C S O M N I N L J J L O H N E C A R Z O B
S T G K A W S A S P E E D T W C S W Q L C
U R G B C X H O I V D H I E H I E A H I H
N A A Q A D E H P R X V K U I D A U E S T
E C S R T O V L P O U H P C T E K L N T U
J E T Q O F M M P D R E B H H N B W I P G
Z A E Q U X B H V R Y E N M E C E P S U M
I N R V R W I J W F E H F A R E Z S M E Y
U L R V A N A S T R O P H E E T Y S T U I
```

ACATOUR	ACCIDENCE	ADORAL
AFFRONTÉ	ANASTROPHE	ANEURIA
ANTIBLASTIC	APIARIAN	BATTOLOGY
BEDAGGLE	BLEWIT	CATERWAUL
DERRIERE	FRUIT	HENISM
HETERARCHY	HOGGASTER	ISOPOR
LYCANTHROPY	OSTRACEAN	PERPLEX
ROTAMETER	SCIOLIST	SOMEWHITHER
SPEED	SUCCUBUS	TANTIVY
WHENAS	WITHAL	

Puzzles for Logophiles 7

```
M O V D A I N A M O L O D I F X G P V A K
Y Z B A N W Z D K N H M U C T M I B K D E
A P L I A J F L S O S I X B R E W O B I P
T L W N I A I K A Z I S K L Q K D T S A X
S A H A R L M C M A D M V F B S D N N B A
B M S M E B P O A L N U D R Y N O O V A E
O R A O V A L K G B A M Y C L Y S Z M T A
B O W I I R S T R L L S E R Q H K Y Y I E
M N E L V E F Q E R B A W R R U R O H C R
S B Y B A L S F B V I Z B I O B E T V R O
I A E I U L E P A C U D V A L C O R F B D
L S W B Q O R K C D H E Z J T Q R Q L Y O
A I L Z T L F A B M D I U L L J Q A D U N
I B Y R L A I R E S I B P E O E O X C A E
R J A A P O X H E W P M B C C D U U I Y T
E J A C R B W W S M V E O N O Y N T R Q I
T V J V U R U M K C Q H M U Z P S J X K C
A D O I I L O H E L O H A A B U N T I W S
M Z L K S G I W P M C Z N B F F F N J H B
I W X Q W E C N P H Y L A R C H Y Z S C Q
P U A B O U R G E O I S I F I C A T I O N
```

ABATJOUR
ALBARELLO
BEESKEP
BISERIAL
BOBSTAY
DUCAPE
IDOLOMANIA
MEROCRACY
QUERL
YON

ADIABATIC
AUNCEL
BERGAMASK
BLANDISH
BOMAN
EYEWASH
ISABNORMAL
PHYLARCHY
SHRIVE

AERODONETICS
BACULINE
BIBLIOMANIA
BLAZON
BOURGEOISIFICATION
FUSTIAN
MATERIALISM
QUAVIVER
YARROW

Puzzles for Logophiles 8

```
A N F Z O E E S A P T Y R B P W F S C K S
Z R C O Q D Y A W E Z F U H I R U V V G T
O Z O O N O S O L O G Y H A T O C B M W P
O O M H X V H K R J X A G N I A B A B A J
G E Y D O M D L K E B G E U L L Z P J Y Z
E Y R G G E I Y M I R I Q A B O A H M H M
O T E J Z A B E L Y R E C S L T W T O C A
L L F A G L P I Q U S K N O G L C H K R N
O I M I J G M S T B H H G B K Y O O A G
G L B B K E H I O S U Y U J A Y I N E G L
Y A C A N C B C I T C E I B A T Q G P G L
D A Y T P A L G S A B Z D A E F I I I I U
P Z P M J W E B J F Z A D S P K A S B H M
O L T E V H Y X N E L I W S K K Q J T W W
P L S S C S T M V P A D E G A N A P A E L
P X E N U U Z J E P P E L F R U P E K R U
Y N H O D B O N H R Q V H J S H F P D R A
C H A V O Q G O Y L W U F C E X L I Z O V
O B C M M L R Q U Q O E D L G H V R Q B B
C O L V O O M Q Q N M M M J V Y K T K L C
K N A W N S S U B R E D N U L B F S T S W
```

BLUNDERBUSS	AASVOGEL	ABIECTIC
ABIGAIL	ABITURIENT	ADIAPHORON
AGGRY	ALACK	ALCAHEST
ALPENGLOW	APANAGE	APHTHONG
BATISTE	BUSHWA	HABILIMENT
HELM	MAZED	MAZOLOGY
MULL	OBSEQUIOUS	POPPYCOCK
PURFLE	SAP	STRIPE
WHIGGARCHY	XEME	ZOOGEOLOGY
ZOONOSOLOGY		

Puzzles for Logophiles 9

```
S T K X E U A P A N T O M A N C Y K W K O
I E E J Q M N O N C A E N T H V C S Q R L
B K X E C N R B K M E C Z H W M W Y A P L
A C V T B B O Y B H Y O F S N A S T H J I
I E Y J N Q Y I G N B T L O T F D N A F D
A B Y X Y E R V N G L H Q O H S Q D Q U A
D Y E F H T C T A A H G Z G G R E T L O C
O H M G M Y H S E X W I C B L Y S P D E C
P X V N A T N N E V E B A B A C U L U S E
T G E A I D A O F B T S E R O F F A V M P
I F S T Q G R F T K L K A I F N V I C L A
O Z I U F S L A P R U A Y N N U S I Y E G
N B N R C X G P Y C A C L E C I P Y I P V
I A O A U A T B O C B B L G J R U R Z A M
S D D L C Y V N F E P I O A H D E M Z H S
M I A I U Z T P N S E N J G C V R S X C U
D N V S W U O T A S E N J D D A F C S E A
B A D M M K H E B U R R O L E Z C N H T D
A G B E Y O R A A C C I P I T R I N E N Y
R E L C S U H I B A N A U S I C S Z W A H
V Y W U N S Y T I L A R O M L A B F S D D
```

ABACULUS	ABSEIL	ACCIPITRINE
ACEOLOGY	ADONISE	ADOPTIONISM
AFFOREST	ALBESCENT	ANCRESS
ANION	ANTECHAPEL	APANTOMANCY
BADINAGE	BALMORALITY	BANAUSIC
BARTON	BECKET	BENTHOS
BIGHT	BURROLE	CONTUMELY
GAGE	NATURALISM	PECCADILLO
PEST	TWADDLE	YARDAGE

Puzzles for Logophiles 10

```
K M P B B Z C D E L P H I N I N E K C E B
K O V Z D K Z I R F Y Y H O J J F A A A M
Q D A V T D F E R H J K G U C U W R L I F
N K J V J I U T S Y T H V K T M R E E L B
H Y L O B A T I N E T S T R O Z T E M A Z
E I N R Y B I A K H F U A T F O G B B L N
D B B Y O Y D J U Z J Q B W C G T L I A K
Q H O V V I J I G R Z M W S X A D L C U E
S Y N L S Y S A I P O T S A G A I A A P N
L L Z A A F S Q J A L I I C I D E M T Q O
L O Q G D R B E V C Z T J N N M C S E W T
Y P M I A M E N T Y O E U O U C G A D N I
H A P O G R A P H K T T E O T C L J O I S
P T S N C F G F H A M G T O E I A I S E M
O H O K V O E C L Y D R T I G R S E Y F W
H I R E P T N U H U W E U E E U E O R G X
T S M E R T C J M M M S R K F R E H F U Z
N M Z Y I I Z R U I A O T F I V N V W G H
A N L C P H U K S R U N A W A R A W F B C
X X R A Q C T M F S E D T A J F M P T M V
C U G U F V I T A L I S M D S Y C R D U U
```

AFFUSION	AGASTOPIA	ALALIA
ALEMBICATED	ALIGEROUS	ALIICIDE
AMENT	APICULATE	APOGRAPH
BOLAR	BUTYRIC	BYRNIE
CONJURE	COTTIER	CURMUDGEON
DELPHININE	HIE	HYLOBATINE
HYLOPATHISM	KENOTISM	QASIDA
SCOT	SMALL BEER	TOTEMISM
VITALISM	WAST	WHEREOUT
XANTHOPHYLL		

Puzzles for Logophiles 11

```
Z C D A B L J Z S Z T I Q W F O I O P K C
G N P L H M P M W P L S E B S N D Z H N I
R U K B E M Q O V C L S Z E D A F A A A H
H M E O V L A U C S L U V G H A W C L I A
Y J S L A W I Z E N K A T P B G V C L L U
V D T I H N P N Y E B N R A X R H H O A D
K U K T E N H R A S M T S U Q S S M C H V
Z L T H A R E E M J I Q D N X A B R T A
Q O R A P M T P L F A X L I X N P E A I I
E C O M O I A O A A I U Y A C X A R C T B
T R W L S B M S N N T U Q Y V W T G Y N O
C A P P A I M B T O E I Q A P I C E J A H
I C L I O B N U A H M G O A S F T P L K P
T Y A X N N A I B X E C O N B F A S Y E O
O D I I A H E L M I Y N D I S A G D E L G
N I N A G L L D L R R R I K S Z I I C T L
P F E L B E O K L U E N V C V M O P H E A
A B G T D W N N L N H T K X J A T K W R G
C X P E L M A B I N T U R O N G A S Z L N
A Z X A I S O P H E N E C Y I Z G Y L L W
A L B I C A N T Y Y D Q E C C R E T W W K
```

ABASIA	ACAPNOTIC	AGIOTAGE
ALBICANT	ALBOLITH	ALGOPHOBIA
ALOMANCY	AMASTHENIC	ANHELATION
ANOLE	ANTITHALIAN	AQUAMANILE
AQUIFER	BERGE	BINTURONG
BUMBOAT	DULOCRACY	ESTIVAL
GENIAL	HULLABALOO	ISOPHENE
ISSUANT	IXIA	KELTER
MAZY	MONOTHEISM	PANEGOISM
PHALLOCRACY	QUEEM	TERMINISM

Puzzles for Logophiles 12

```
P U K H W A P I C U L T U R E K U Z P R B
F H Y P O M A N I A H Q T N G W W O J J T
Z T U Q Y W V E C N U K O F T A E R B X N
T Z Y V L N G K Q A L I E N I L O Q U Y L
N H F Y A B D E R T T Y D B U T P W D Q C
E T J I H M R T N S S I Z U N J D T D S I
I R H J T A E E A I Y G O L O L E G N A D
C Z E C I R N B H O T Q N V G R Q F M T R
A P L A W L P H V C G N P A E L R E V O A
F Z O N E L E T K A L A A L X T U L W H C
E U N D R L H J Y Y B E R M I P Y F P Y A
B A C C E N T O R O A O B R A S M E Y P N
R I Z R H N B T D I T I D M A D E T S E A
O V B Y T B F J H C Y E S E M F A F U R O
S Y A L C C F W Z K I O P N M U I L E M I
B I E O I O B D F S Q T L H Z E K S S A O
A T C L F O D F U L K X N C Q T N I Y N M
U Z S T A M P O M A N I A I C J X T K I L
H I K I S H H O B L A C K G U A R D U A K
E S G A X T P N L W Y B L G L Q F X A F C
P I B Y M A A G Q Y G G E G E M H C S S R
```

ABODEMENT	ABSORBEFACIENT	ACCENTOR
ACCLOY	ADAMANTINE	ALIENILOQUY
ANACARDIC	ANGELOLOGY	APICULTURE
BASTION	BELCHER	BIBLIOPOLY
BLACKGUARD	FARRAGO	HYPERMANIA
HYPOMANIA	JOW	LAXISM
OVERLEAP	QUARTER	QUINTIC
SCHMEGEGGY	STAMPOMANIA	THEREWITHAL
YOICKS	ZONELET	

Puzzles for Logophiles 13

```
Y C N A M O T I H P L A F R Q L A X T U Q
J A A Z S C Z G A R R E P T I T I O U S O
M Z H C R B X J N A R J F Z A M M R Q L C
G J E K R C A O E V G O E L P F S O B A P
C I Z T O O I B E M E A N D E R I U J I P
E S R Z A S A N O B W L Z A N F L N D N X
V N J X U N T M H Y D T M V C D A S T A W
Z G O B S M I O A M V P I B U Y N P R M G
M C A T N U T C U T H F Y A S U O I D O G
O D L A S H O T O I I P W S P O I V Q N M
H N H A G M J U U R U C I S S G T Q S R S
K S U H R S I M Q X T A C I L O C U B O I
I G T N Z D A R O O S A G N E W N R B P L
O D X R J Z Q N B W L E L E K P U V K M A
Z X N C F T H I P C T I T T P G F W N X T
W M A X I M X P H C P R B R U B K Y F O A
M M S I L A H P M U I R T M E E G S V H F
H F S T A R R A D I D D L E A C J B K C L
T B A P O D O S I S D E T H E R E I N T O
M M S I L A U T C E L L E T N I O R A W P
A K N Q U I N N A T E M J F T J U T Z R E
```

ABUSION	ACROAMATIC	AIT
ALPHITOMANCY	AMBILOQUOUS	AMPHIUMA
APODOSIS	ARREPTITIOUS	BASSINET
BRIMSTONE	BUCOLIC	CERTES
FATALISM	FERVENT	FUNCTIONALISM
INTELLECTUALISM	ISHAN	LATROCINATE
MAXIM	MEANDER	ODIOUS
PIDDLE	PORNOMANIA	QUINNAT
TARRADIDDLE	THEREINTO	TRIUMPHALISM

Puzzles for Logophiles 14

```
Z I F S A I D Z K B I B L I O K L E P T P
N K Z R N G T E B U C K A N D W I N G K F
A C Q Y J E R B P F E G N C A Q R Z B B J
M X T C N D E Y S Z Z M E Q X B Q L T L F
S O V H Q X N T P S P O G F T G J X H Y A
E A B L A T I V E N N O S E I N X F G Q T
L N I Z A T P X U L I U O T L W U S I Q V
S B O E Q V Q U U Y M A Q Y E C H A D R B
I K A J I H S M S I L A G E R R E S V L O
U B J U Y V A G B W E I N C Z I O A I A M
E Y O N S H I O E K L I A P C K A P L F B
B H W M F O U Y Y P I U Q I X E B T S F A
A C A F F R N P C F E E T M L O E V L Z S
N R S E R E O D B S T P L C M L T O H O T
Z A B E K L G N U E E Y I B R B S H Y O R
E T C X S L V E J R W N A A W U S A B Z Y
J N X P Y D C E T Z I R V C W G R L P T J
Z A I H G R D A L M D U A E Y B I Y A C G
O L M A E S N Y D O S Y J Y F B J B U B X
S G R B W A S A N G L U G U B R I O U S D
W M R F S B V S I S E N E G O I B I N T H
```

ABLATIVE	ADMINICLE	AGRYPNIA
AI	ANATREPTIC	ANTARCHY
AVAUNT	BAUSOND	BERCEUSE
BEWRAY	BIBLIOKLEPT	BILBO
BIOGENESIS	BOMBARDON	BOMBASTRY
BOURRÉE	BUCK-AND-WING	DIGHT
ECLEGME	FISHWIFE	ILKE
ISLESMAN	LUGUBRIOUS	REGALISM
SLIPSLOP	VARLET	ZOSTEROPS

Puzzles for Logophiles 15

```
P D E T I S I U Q X E J J N I K M R A B V
I S U O I L Y B M O B Z U Y H B B H E O E
Z N I U O G A R A B S O W G O Y K E P N E
S U R W A L F F O C S O A O G R R G N A R
Q U E S I T I O M A N I A L E O L L D U N
C H S E N I U G N A U B B O C G D V Z G X
T M O S L E S E X V F T A R L E O T L L U
E U L P H S N Q I O V F A A I C J A A S L
E S U E L I N I R T T C B B A I P F I P D
A I T B B I T T R E Y R M A G F W A H B Y
L C E C P H N R R U I L T V R G U G C E R
L A A T H I L I M E M U L L O C K N N T A
I S J M G H N S T Z Z A A X J A B O A I U
C T Q H E G S Y B D N Y E B Z S V S R M T
I E T A S K Q D W N P V R J K L S I B E A
E R C E G E I S U G D O O Y I C F C F S T
N O T X I W T L N B R K L G X P I T F N S
T Y X J G J E Y H J V L I T J M B Y I O J
V E R O Z T T G Z G T Q T G F H D I N H F
B M T N E M E D O B C A E V G W F Y A T W
M S E L E T O P A C R Z B N B R L P Z X J
```

ADVOCAAT	AEROLITE	AFTERINGS
AGNOSIC	ALLICIENT	ANGUINE
ANNULET	APOTELESM	BARAGOUIN
BARMKIN	BAROLOGY	BEEROCRACY
BETIMES	BODEMENT	BOMBYLIOUS
BRANCHIAL	EXQUISITE	FORTNIGHT
GLABRIETY	MULLOCK	MURINE
MUSICASTER	NIFF	RESOLUTE
SCOFFLAW	SIEGE	SITIOMANIA
STATUARY	TWIXT	

Puzzles for Logophiles 16

```
I  T  H  D  B  E  Z  Q  S  T  M  A  G  R  Y  P  N  O  T  I  C
M  F  N  L  X  Y  C  N  A  M  O  R  U  E  L  A  V  R  P  Z  A
G  S  M  A  B  B  O  Z  Z  O  W  P  R  V  I  E  G  V  O  I  H
P  X  L  U  N  L  B  I  A  I  V  B  Q  L  R  F  F  N  S  H  T
Y  H  S  H  S  O  P  S  Z  K  K  L  E  S  D  R  M  E  L  R  S
Z  Y  U  A  W  A  S  Y  V  Z  K  F  E  F  T  A  H  A  E  Y  P
B  A  M  B  G  H  M  B  V  G  A  A  F  B  A  P  E  F  O  P  G
E  A  K  K  O  U  Q  O  A  J  W  R  L  C  O  N  I  Y  T  X  W
C  A  W  D  Y  M  I  C  B  H  C  S  D  L  N  C  N  C  N  Y  V
N  C  P  D  R  I  R  Q  O  A  G  R  E  A  U  O  N  A  I  L  T
A  E  B  W  D  N  Z  D  U  M  O  S  U  L  K  K  O  R  E  O  Y
N  T  J  N  H  X  N  K  S  O  P  J  G  U  F  E  I  C  R  P  P
E  I  A  A  S  E  H  D  D  A  T  A  A  N  I  K  T  O  E  O  H
T  M  D  W  C  D  R  M  A  A  Y  E  S  P  N  N  I  N  H  L  O
N  E  X  O  H  C  E  E  R  B  I  Q  N  S  E  G  D  E  W  I  M
U  T  Z  P  A  O  O  E  U  A  M  G  A  N  M  L  U  X  U  S  A
O  E  P  I  U  T  G  U  N  N  N  Y  I  T  I  T  A  G  X  T  N
C  R  F  A  Q  X  Z  M  R  E  T  M  C  N  E  A  P  N  N  O  I
A  P  P  E  N  D  A  N  T  A  M  I  F  H  X  E  L  L  O  S  A
H  M  M  Q  M  X  H  Z  T  I  G  T  L  B  A  U  T  L  O  Y  Q
G  B  Q  P  I  R  P  O  M  B  L  E  T  C  H  E  R  O  U  S  M
```

LUCIFER	ABBOZZO	ABOMASUM
ABSONANT	ACCOURAGE	ACETIMETER
AGMA	AGRYPNOTIC	AGUE
ALEUROMANCY	ANNEAL	APPENDANT
APSELOPHESIA	AUDITION	BLETCHEROUS
COMPASS	COUNTENANCE	IMMINENT
IZZARD	NEEDS	QUOKKA
QUOTENNIAL	TYPHOMANIA	VERSE
WHEREINTO	WHEREUNTIL	XENOCRACY
XYLOPOLIST		

```
S Y G O L O B I H P M A R W T A O L S S J
W I Y I D Q E G X A Y J H E Z B I M C S G
X N C M M C N X R P W O E Q T R X N Z Y A
N R O Q O O F S U E O A R X T O R A I X Z
H H R I L T V I R M S Q B G T S L P S J A
C W R E T F O T C I N C A A H I E O O Y Q
Z U R K T A Z I S P L A R E T A M D C B U
U E X V A J I E H P W Z Y F Y E M I H T A
L S O F T T A C K C I N D S U L U C O A P
P A S A Q J Z K O R A F W V K Y B T R G H
A A L A M O D E J S R R F R X G I T G O
J G X E A N O M I E I H B Y W F N C P R B
I G R A D U A L I S M B B A T I N G T A I
J Q C E I B N E L N O R E T I U Q B E D A
H A N H S S C C M I E M T M B N Z W B E T
C K H C Y T U D Q D N I O F F C B G R I S
U G W E W E I E G Y E N C V K Y X N A Z E
M G B R A N K C G R W Y N S E P W M B J T
H K T W I F P S O A E A R H B J S T K A D
A O Q B X M M S I S E P O N T O S O P H Y
V T B I M B L E T O N I S M Y O J H H U I
```

ABATE
AGGRADE
AMPHIBOLOGY
AQUAPHOBIA
BISOCIATION
BRANK
GRADUALISM
ITIS
QUITERON
SPIFFY

ABROSIA
AGRESTIC
ANOMIE
BARBET
BLETONISM
BUMMEL
HERBARY
ONTOSOPHY
SOFT TACK

AGEUSIA
ALAMODE
APODICTIC
BATING
BRACHIOTOMY
ERELONG
ISOCHOR
PAYNIM
SORE

Puzzles for Logophiles 18

```
E C Z B A T R A Q U O M A N C Y L S Y R C
M W A V I H J L A P E R C U H U K O D C I
K Q Q R H Y L M L I T Y A E H L O N Y H N
V V Y A O U G P B N T H R W V Q C X V I O
I S M P F U C O I G Q D I E D F A Y S L H
P P O E O I S G L L D U N I I R L P D I P
E E N B E Q U E Z O A M E O B D L K M A Y
N N I W A M B N Q V E Y H C R A N U G R R
E S T L P X N J Y K Y O C N V I Z I P C A
C I N Q D O T S E V N I D O H U K A N H B
T V A I S T H M O I D H L E Z S J G R Y P
O E R L B A N G A R Y T A I A K D T J I C
M T R E M O G R A M A L P T E N I B B O B
Y R U A N A P E I R A T I C O M A I J T O
Z P B H Z E N I A R T A U Q Y G K D G W C
B A G A P E O M S I N A T I T X H C G P G
A M Q W J A R P O L I C E O C R A C Y K T
N F G B G C I E S L U G A B E D H N K E Q
P Q U E S J D B D S M U S T E L I N E L K
V L K S F F N U D M Y N A N A U G E G E K
M F A X S A A W A I N A M I R O L F P U M
```

ACARINE
ANANYM
ANGARY
BARYPHONIC
BRAXY
FLORIMANIA
ISTHMOID
PENECTOMY
QUATRAIN
TREMOGRAM

AEDOEOLOGY
ANAPEIRATIC
ANTINOMY
BATRAQUOMANCY
CAROUSE
GUNARCHY
LAVOLTA
PENSIVE
SLUGABED
ZARI

AGAPE
ANDIRON
APERCU
BOBBINET
CHILIARCHY
INVEST
MUSTELINE
POLICEOCRACY
TITANISM

Puzzles for Logophiles 19

```
T A V I S E I D O M A L Q L O O L V N T C
R D F M S I L A N I M O N G W T B N F Y S
I N M E Z S U O R E P I V S Z I A P A V W
T K N P K E T A D P I N E B L H I N E H O
F Y N E T R I R E P O R I L V Q H B H X O
M O R X C I N C F I E T O U G M X S T M P
K S B E B I U T T U T W V J H E T V V L S
C R L Y Z N R A I S Y I H I R V U H A B T
J O O W I N B H L L X E Z O K S G T T L A
J R L A A U O P T U K G C X B V T Z U E K
G Z R L C D B B K K T O A K V E Q O N B E
O Y O C E Y A S S A P R E R R C S U E T M
D B A D V G X R C Y W C I A L F A Z E J M
W E U K K Q E H B Z E G J N J A A L R E K
O W N Q Y H O R Q I J V Y M E Z N K A S Q
T T S O J R E B P U A C E R O U S D C M Z
T G V T T B H K A I S P E L O R D N A Q T
E G H R R O C T Y B I A M B U L A T O R Y
R G D Q D A B A I N A M O I R O P B H B O
Y R K I B Y C R E M A R G H O X T Q A H E
U U N C G F M M O T Y C A R C O L E G N A
```

GODWOTTERY	ACCUBATION	ACEROUS
ACHOR	AMBULATORY	ANDROLEPSIA
ANGELOCRACY	BACKPIECE	BAHUVRIHI
BILLOW	BITTS	BONZERY
BOTONÉE	BRADAWL	CAREEN
COLLEGER	GARLAND	GRAMERCY
ISEIDOMAL	LATTER	LUTRINE
NOMINALISM	PECUNIARY	PORIOMANIA
SWOOPSTAKE	THRICE	VIPEROUS
XEROCOPY	ZEMNI	

Puzzles for Logophiles 20

```
A I N A M O P E P O L E M O M A N I A W L
T A R E O H L Q B A I L I V A T E U Z I D
W E S I H C N A R F F A I Z V T A P V A J
S D O G X I M Y H P O S O C I L E H G M I
R A X Y L A R Y M C Q E Z M T M M A B H L
I T M Y I G H C A K L A R V I R L J S X J
N Z O O A R C H A E O L O G Y L I I I M E
K S Y Z M U E X N X J K B E O A W G Y W S
O R A S U K C A R A M A K C A U D M O X U
M E G A G Y N N H B T O H E G R A B H N I
A N M H C T U K R J I R K W G G A C Y O T
N I O T G H D G O I R Z V S O E R J I A O
I A D S L Y R A N I U Q W H G I R G N R C
A W G P J X F O N Y G O P F J H K A N B R
E D H Y E K I C O E P L S U S D R G B M A
S R F B X T U X R U E O M O V B N E Z G C
L O W N B P J E S D S H T D F D L P W Q Y
Z C A N T H O M A N C Y R R A U S T E R E
K L F H R E T E M O M E N A G F G V R G X
C H E A D V E R S A T I V E S J W H P Q O
R J A X E B M O C N U B K J J A J D N K A
```

ACHROOUS   ACKAMARACKUS   ADELPHOGAMY
ADVERSATIVE   AFFRANCHISE   AGALLOCH
ANELE   ANEMOMETER   ANTHOMANCY
AUSTERE   BAILIVATE   BAREGE
BORZOI   BUNCOMBE   CORDWAINER
DUNCE   EPOMANIA   HELICOSOPHY
JESUITOCRACY   POLEMOMANIA   QUINARY
RINKOMANIA   TOSH   TRIGON
XYLARY   YAG   ZOOARCHAEOLOGY

Puzzles for Logophiles 21

```
R Q F U D L Y Z R E T S U B I L I F E W M
I J S Y O M A C V R E T E M I L A U Q P S
Q J W L O R E D N A B N J Z V M D F U O Z
A J K H E D L C K B P Q A M A A J Z Q L K
P D W V C S V K C I E K U B S R O X F C D
Z R C H K S U Q G F P G E A E L K L D I P
S T A T O M T M W I F F I A W T S N A D B
V I W T P S S E T D K B O A T K A F S O H
H L T B G Q O U F B S N F P H F N C C E
T L G L R E Y E R Q I T I O N R W K T C N
N E V U O B J G V W I S N K I E I A W G I
A U A C T U E S I E K R R G T N X P R G L
N L S H E N H W S E R X H E G J M E B T U
O S S E S T P V I P T T Z K T A H X E L G
S Y I R Q L N Y B T D N E C S E D N O C I
I O C F U I E N Y E W L Y K Q O M L Q O L
T E S H E N M S I T O R C A M I M M H L U
L F B X H E E C O P H E N E U B C A A Y F
A F A H Z R E B E G T I E Z I Q I I V F T
D U S W R Y D E T B E G A R A T L A X A T
X B B R I L L S C O M S I V I T A N Z B G
```

FILIBUSTER	ABSCISSA	ACROTISM
AFFRIGHT	ALTARAGE	ALTISONANT
AMMETER	ATHWART	BANDEROL
BANE	BIFID	BIS
BLUCHER	BOCKING	BUFFE
BUNTLINE	CONDESCEND	ECOPHENE
EYNE	FULIGULINE	GROTESQUE
IWIS	NATIVISM	QUALIMETER
QUAWK	QUETSCH	TILLEUL
WHOSOEVER	ZEITGEBER	

Puzzles for Logophiles 22

```
E Y T C R D E M O R A L I Z E A N P K B B
D F W N Y H P O S O R I H C D Q Q L M W N
L J N S W B U V H A D G T J L J O C P I O
A B P Q U A H G O J F D U V H O N I T L X
R O P H E O N Q A M I D S H I P S T E L V
T M E Y S E H I L W G L U E X A Q E R Y S
I Z J E I D S P O E P I Z E H H M G O N S
P H X M L G M D L N B A I A X I S L P I O
I A X L L P U K G E C S E O C C I A I L D
C L D W Y W A D R A D S Q Q R C N N N L N
C E C E D Y E P R L F A U U N W O D E Y I
A E V D N T D I B S O W M U I K B U C V L
T A N I N O C U A S R E L A M L I Y R N B
Q J T O S I I Z S E B N E C R S L L M T R
N V W M D S O D T L Y I D C T H M A H U U
K O Q E D W E A I E V M T R R U M S I R P
C A S C S J E D N H E A B E O K M B S A C
A R E G I A E Z A T I B E T T H W E Y J B
B D P R P K W D A O A H I H L K J E U O
F N Z O Q V T S E N D L E O E X M X P Z Z
X J E J B M B T Q D N A Q N M R R T S E Z
```

ACARICIDE	ACCIPITRAL	ACCOURT
ACCRETION	ADENOID	ADESSIVE
ADJUDGE	AIGER	ALABAMINE
ALGETIC	AMADELPHOUS	AMIDSHIPS
BASTINADE	BONISM	CHIROSOPHY
DEMORALIZE	FORBY	NATHELESS
PTEROPINE	PURBLIND	QUILLAIA
SILLY	TROTH	TWEE
WANION	WASSAIL	WILLY-NILLY
WONTED		

Puzzles for Logophiles 23

```
H V S C I E N T I S M Q V O H N Y I R C D
V E T T E R E M H S A C G R C U B Z O O R
S U C O P S U C O H W S A T H P X F D J A
E Z T O U Q I L A H C A O R P E R G B N N
M B C S D Y S Z B B I S T O U R Y T A U T
G J N Q T E V B A S I A L H V P R G W A H
M Y N O L L A B F X B A G N I O A U S G R
P N L S Y L I M E Y U I B L P L A I U R O
V E S R M W A I Q A N N M R A V Y Q R O P
A I K R A P B N G R E J N C U E W B E M O
I J H S G V R I N E P N T P F N P A T A P
B V I V O Z A A Y C S I I J I Z N Q Y N A
O Z F T L T C T F A C T T R B S F E B I T
H I A Z L P K U F R L Z U A U U M B O A H
P N X R A F I R K B A N T P Q I M I V U Y
O N E I L W S I F F M P M V T J C C R Y S
R I S P D C H S G U O W Y G Y G X S M E J
U A Y H G Q J T D V R W T Y C L Q B G N H
L E A Y L T X F A C C L I V I T Y K H Q F
I F V Q R E V V I L F Z R E T E L L E B J
A U M B S Q E B A T H Y M E T E R H S I K
```

HOCUS-POCUS	ACCLIVITY	AGROMANIA
AILUROPHOBIA	ALIQUOT	ALLOGAMY
ALLONYM	ANAGALACTIC	ANTHROPOPATHY
BAGNIO	BASIAL	BATHYMETER
BELLETER	BISTOURY	BRACER
BRACKISH	BRUNNEOUS	CASHMERETTE
CLAMOR	FLIVVER	ISSLES
MINIATURIST	PISMIRE	REPROACH
SCIENTISM	SCIURINE	SKEP
SURETY	TAIGA	ZINNIA

Puzzles for Logophiles 24

```
C H S E Z T R F F F S D K P M A N D A X N
I E N A R Y D S I S O R D I H N A Z L Z O
N Y C N A M O T L U C A V L G V M P G F I
O P K S Y T Q L L A F T A R P K O N E I L
M S X A E E V V S Z I P E B Q M N D D O L
E U Y U C A K D A I J O H G P E O G O M A
N O F W I E X C T C S J Y U E O P I N S C
M L I A B W S Q I S O A H W M Y S N I N S
I I N U T T W C Q H W S B D A X Y R C T P
T H O R I B F X E Z O E M A K W C B S S A
N P B M L M U M C N U O E I N J H E K B R
A O C D W G G O L I C M D T S A I L S D S
B H B A C C A T E V D E B B M M S L U I J
E T R L Y F L D R A W S U A G E M W O O D
C N I A Z R O T A U Q J C E D H A E D N M
H A N J I Z U G G M E M B A D O S T O A B
I S L O V O S I V U P N M M I R R H P L V
C J W S T V G V L F J Q O Z O S Y E O A C
Y P H I L O M E L I A N B C Q F T R G B M
Y T A L L O N G E M R O F I C C A B A J Z
E B A L I S T A R I U S Q F I H A J L B S
```

LAGOPODOUS	PRATFALL	ACESCENCE
ACOSMISM	ACULTOMANCY	ALGEDONICS
ALLONGE	ANABASIS	ANHIDROSIS
ANTHOPHILOUS	ANTIMNEMONIC	BACCATE
BACCIFORM	BALANOID	BALISTARIUS
BECHIC	BELLWETHER	BOMBÉ
BONIFY	CORSE	DOOHICKEY
ISOVOL	MONOPSYCHISM	NARY
PHILOMELIAN	QUATORZAIN	RAPSCALLION
SWEETMEAT	USWARD	WEEN
ZUMBADOR		

Puzzles for Logophiles 25

```
V P I X T D Y C A R C O L E P A C F A W B
D G L M R O R D N O I T A N I M O N G A L
F J A V L E B U F O T E N I N E X N E O Q
N R I R A R A E P G F O R E C O M E C O N
A O R U D Y D L L M S I H C Y S P O E H T
I T O Y I E Y E I U J U I I F P I I T C R
R O T T S Q B N Q S Z P L L Q A N C Q W E
A C R N P D C U L N M S D X L U B J C A M
I R E O A M W E E R E M E L D D I R V Q U
T A V R A N E M O G E L I T N A Z R Z M L
S C D E R R E G A N L A R D M F Y Z E J O
E Y A L J S T H K W E F T S O O N S U R U
B A U I T S M E H L G B I E C N E P S E S
T F S A R H K O E X A E N L Q B C D W T T
H E B O B W R C C M H U V N W L G I N S O
O R P Z O E R Y B T A I N O P A Y A J A O
Q D C E T A T O O P H F T I L K N M L M J
D J M G P O S O H G O I U Y U I U L I R W
T H Z E T H Z R X Q R J A R A I W Z Q A Q
U H I E N I T N E K R A B F D M I J C B E
S Q B P T Y R T A L O L E G N A V G B S Y
```

ADVERTORIAL

AGNOMINATION

AILERON

ALNAGER

ANGELOLATRY

ANTILEGOMENA

APONIA

APSIDAL

BAMBOSH

BARKENTINE

BARMASTER

BESTIARIAN

BOT

BUFOTENINE

CAPELOCRACY

EFTSOONS

FAINÉANT

FORECOME

PARCEL

QUIRE

REALISM

RIDDLE-ME-REE

ROTOCRACY

SPENCE

THEOPSYCHISM

TREMULOUS

ZOOTHEISM

ZULE

Puzzles for Logophiles 26

```
R A G A M U F F I N B O B V N I X E D T S
O F I V J R F P M A C R O P O D I N E R J
Z E B S Y L A R E T A L L O C I B O Y E N
O M U D A P Z V Q M U I W T V V O T S V A
W S P G N R G U E R D O N M B Z Y S A D L
O D I O U T H T A R A D I D D L E R T A E
Z K A V J K E P M A N O G E N I C R U A C
L K B R N J B X A A I T H I Q E R U R N T
A W I S U O I N O M I R E U Q O B B N N O
H A H O P L A R C H Y D S Y P J N L I E R
Y K M L C L Q G C O M P E E R F I G S C M
B A G R I Z E I S O G A M U A B A C M T A
L A M N P A C U T E I C D I V V L L C E N
F P P J M C Y F G S B B N A V I B X L N C
M Z H U F O Q G O G V A G T O M U Q E T Y
W D S I R S M S E G M N A D I R R A H H J
G C J O P P T O C O X I P H O S U R A N Y
L A R B A E T Z S X X E C I D O L L A M S
Q Z I E R V V U K A K E N I N O Y C O R P
M J B E P G M M Y A L E X I P H A R M I C
D B L Y V G S H C A B A C I N A T E D J Z
```

ABACINATE	ABRA	ACUTE
ADVERT	AGRIZE	ALECTORMANCY
ALEXIPHARMIC	ALLODIC	ANNECTENT
ANOGENIC	APHRASIA	BICOLLATERAL
BLAIN	BURRSTONE	COMPEER
GUERDON	HARRIDAN	HOPLARCHY
ISOGAM	ISOSTERE	MACROPODINE
MAID	MUSOMANIA	PROCYONINE
QUERIMONIOUS	RAGAMUFFIN	SATURNISM
TARADIDDLE	XIPHOSURAN	YAIR

Puzzles for Logophiles 27

```
E V G M I B K U V G N T S I U Q O L I B R
Z H N N B X W W A L O G G E R H E A D S X
I V I Y E O M I J N G Y C A R C O L O O F
P P S F S U O I R G A P H R P P M A B E R
A I I W Z Q E T L E L G S H M V D M A R C
R D C Q D K U P L O L U L L Y D M R R O M
O S X X M N R C R E O E D Y I C L M B T R
H B U C C A L A X E S N E T P U V K A I O
C L E H A K G D C Z J S A P H H E D R R F
I I C O N O M A N I A M E W I N L Y O A I
R E S J I I N I W Q E F T I A R T S C P N
T J J L K I S F G N L U R D A N Z I R P I
E B W W C H T P T H B F F S T T B V A A C
P M N A Z B Q A J U L N M C U C I Y C O A
X L R M D U N E Z P L A L S C O C I Y I T
E V E S N K E T L G E K N L I M M P S G J
K C T G E Z Z V C G D X R Q H H U A A Y H
K A T R V Q X E N O B H C T I A T C R G X
T N I D N A G I R R A L M D A E E A L I X
A H B L H O R N S W O G G L E P G Y G G B
X R F R E A I N A M O I G A H Y B C A A B
```

ACINACEOUS	ACINIFORM	ADDITAMENT
AGATHISM	AITCHBONE	ANAGLYPH
ANKER	APPARITOR	BARBAROCRACY
BILOQUIST	BIRAMOUS	BITTERN
BOOTLESS	BUCCAL	DIN
FOOLOCRACY	GAR	HAGIOMANIA
HORNSWOGGLE	ICONOMANIA	INLY
ISING	LARRIGAN	LOGGERHEADS
LURDAN	PEELER	PETRICHOR
STRAIT		

Puzzles for Logophiles 28

```
P D A I N A M O T U L B A A A R S Z Q N V
I G I P B O H X L E D A I G E P C H A P N
U T W O Y W W M B A I M E J T Y I B B H Q
Q T A C C N O I S S O O X P H P T R I O J
V E E I S E R H P N T R E Q P D P E O N F
N C B H I C P E A R A L E C V R Y V G O Q
O W E M S T L O O G C G L J V A L I E M X
V U S N V B A P L O E L B T Y N G A N A M
R T I T A A I I N A K J A H M R A R E N H
N B L R J C I Y H C Q D I R C A N Y S I M
D V X Q S H C Q U Y H Z M J Z B A B I A U
M M F K C Y R P H A C A A M D F U K S F E
R B A S I L I C O N K T R U E L A B O N B
O X T G Y O N J Q Q U E V E B I A J I Z T
F L O E Z M F P O K D L J I G R Z L G P F
I S C R L A O V Q S C H F A B K U L P U K
R G T I T N M I U D C E H E E V R D W A J
E S N X M I A B D L R P T Q R R T V B F H
A H O I Z A N F N O A T T E W X I Z P V O
S B U K Z T I Q U P E C C S W P J P A Z J
R E K K V J A S Y H P A R G O H T N A A U
```

ABIOGENESIS
ABLEPSIA
ABLUTOMANIA
ACERVULINE
AERIFORM
AGEOTROPIC
ALOPECOID
AMIABLE
ANAGLYPTICS
ANOMIA
ANTHOGRAPHY
APHAGIA
BARBETTE
BARNARD
BASILICON
BREVIARY
BULBIFEROUS
CYNOCLEPT
DASH
HYLOMANIA
INFOMANIA
INSCRIBE
ITAI-ITAI
LET
PHONOMANIA
QUEVÉE

Puzzles for Logophiles 29

```
G P S S L F M J O B D E C N E L I T S E P
D H K R E B L B I O B R M Z L I M O M V F
G E O Q Q Y R S Q Z A E Y G E L M C F H M
T N R X Z U O Y S L M T S A M B I M T O L
N G N B I M H G L Y H S I O W A N H N U A
I I G T O C R R F U U N Q O M Y O E U N Y
O T M R R N I E M O A R G X C T Y L A D G
P E P A W B Q X R M E D U N V O C E J S A
P H L N Y P C O O T I U A M C C A L D T L
A O D T S D V G I O N M J R Q L C E P O L
P R G X I I O L L W R O A U L R E P N O I
V C H R N L A L Z E Y C I D M F E H H T M
W B M A U O E Q H R Y L Y N J G P A V H A
B R R E N D Q T G C M E G S O I K N Y Z U
R I C E B J A J B S D B J F A L A T X R F
V O D H J I S G Y R E W A T Y T L F N Q R
D P Z K D U S E F I Z J U L S H S E S H Y
I N H A K V O G J A L W H I A C C O B L W
J J L N O O R T L O P Y D V L X O W P N C
R A A E F F L U V I U M N W B Y A C X A X
M S F M A Z L I M S I R E T E H P S A U C
```

RANIVOROUS	ADIATHERMANCY	AIRSCREW
ALITER	ANKUS	APOSTASY
APPOINTÉ	ASPHETERISM	BDELLOID
BELLONION	BESOM	BIRL
BRIO	BRUIT	EFFLUVIUM
ELEPHANT	EULOGOMANIA	GALLIMAUFRY
HOUNDSTOOTH	ISOMORPH	JAUNT
MBALAX	MONEYOCRACY	PESTILENCE
PHENGITE	POLARCHY	POLTROON
WAN	ZYTHUM	

Puzzles for Logophiles 30

```
I N G X Y I F D L S M B Y B Z I N U S G X
A E D T I H O A C O U S I H P Z M R V P K
P R V Y W O Q I P R Y T T U Q N B Y O L Z
O E G S S T S Q D A I M N Y S A I N A O X
L D K S Q Y Z E E N N O Q P P E O U F U H
O W E R H D T R E A Y A O N L U T V E S V
G O Y P N Y O R I R I U M A Z N O F B I U
E P L A I V A V A L D V G O E D P I R O R
T E M N I R A S Q R A N B U R L E B I C S
I I S D I B R E I W I B K I A C O O L R V
C P U L B U F N N F Q G S T N U E V E A G
S R Y U B B P O F A V B C U C N R T P C K
C X B R U B R A A E D H W L R L A H Y Y O
M S Q V B N Y G B E E N M J A D I C T N B
L N L I O S X H I T P P U N F D I M L A M
Q N C N H J A S G B J W I M I L I S S E N
N O E G D U G U E R A M Y C E N U E M J T
G H A W P M O O U S O R I V D T B X Q U R
G U U Z K E Q Y S N I D M Q C O N T H Q E
B B C A U B V M D W E Z U U R N D A Q N E
E S F X D L C A S Y V M K N C L Z F P E Y
```

CRUDIVORE	ABIGEUS	ABSURDISM
ADNOMINAL	AFEBRILE	AMORCE
AMYOUS	ANTEMUNDANE	APHIDICIDE
APOLOGETICS	BARM	BASEBORN
BAVIAN	BINNACLE	BIOTOPE
BOUCLÉ	BURDET	BURSARY
FLUX	GUDGEON	ITINERARILY
LATCHET	PHYSIC	PIEPOWDER
PLOUSIOCRACY	POUDRIN	SOIL
YAFFINGALE		

Puzzles for Logophiles 31

```
G F S G D B O W L I N E L L Y N B T P O N
R L X A K T U A H Y G T Y S T E P H A N E
S U F G O E G R E A C F E V Z X J Y V U O
U M B D C M E S H Y V A Q R W U Z N N A T
O M A A Q G W D O S H T R E U R R H W G T
E O C C G Y S O H T A B L C I T M H M A E
C X P A R N M B A Q A N G A O I A T U A R
A E S P S A A S E D R J O Q I T N B S T O
S D I G I C C T P K R N U Y N E N O A A M
S D T T S C T Y I P A E N V D S H U U N A
Y I T I E T G I V O R N S N K C O B J A H
B B A B Y M X F N K N I O H N P C H R E K
S R C B C B F X E O U P Z O R N K X Z R P
H I I N A A H N Z L S A R H H I A I K E U
I A N V J F K H Y E U B T T B Y F K I C H
W R E R A W X A D B B E Z E L I V T T T X
A E T A N N E P I B C G Z Z V Z V Y C I G
L A U L S O C I A L I S M Q U T V I H C J
K N I A Z F H F H Z E L A T O R E R H T Y
X D L A R R A M A Z E N I T U E P Y L O T
F S L R V K Q X O A L V E R O M A N C Y K
```

ABATURE	ACRACY	ACYESIS
AGGER	AGNATION	ALVEROMANCY
AMORETTO	ANAERECTIC	BATHOS
BEZEL	BIPENNATE	BOWLINE
BRIAREAN	BRONCHOS	BYSSACEOUS
DESPONDENT	FLUMMOXED	JUNTOCRACY
MBAQANGA	PSITTACINE	QUERKEN
SHRIFT	SOCIALISM	STEPHANE
TOLYPEUTINE	ZAMARRA	ZELATOR

```
P U E R U H C U O B M E Z A W J Y W O A U
G O L I G O M A N I A L N C L J G D N I D
U B Q Q W U D V L P B Z T E H R F D N L A
X T W S V I T I Y E Y L H M R Z U A C I C
N E D N E R R A U Q E H E Z C E E X D H R
W Y W P L A E P Y O R N I S H G S S C P O
P B Q J B R O N T O L O G Y I O I G A O L
D O B A B E L D O M O B K H C H O T E L O
O N W M I W A L P A C A P L A N A H W G G
U P W H K U D M O P V M U R N H O C H N I
Q Q D Y T I R E T L A R I H E F E N E A C
B L E N N Y C I R T N E C C E Z V K A G X
Q B T W L G H X N R O S O J O T G P G Z K
Y E E U G A L B E Y A L O Q U A C I O U S
W V H Y V D Q T R Q B A E X R C M G S M Z
J O N Q W I C I V U H Y Q S W W Q S Z E V
S E L T T I K S M A E G A G R U B Z I X N
I R W A D Q U R N T K G S E M O L I N A X
G J D X U O O J L C J N A I T I R I U Q H
R T S V Z L G O O H P Z R M Y N B W N O X
Q P X B K I P Y H P A R G O L L A R F S O
```

ACROLOGIC
ALEE
ALTERITY
ANON
BLENNY
CHICANE
LOQUACIOUS
QUARRENDEN
QUOD
SKITTLES

AEPYORNIS
ALLOGRAPHY
AMPHIGEAN
BABELDOM
BRONTOLOGY
ECCENTRIC
OLIGOMANIA
QUATCH
SEMOLINA
SLAY

AGIO
ALPACA
ANGLOPHILIA
BLAGUE
BURGAGE
EMBOUCHURE
OR
QUIRITIAN
SERENE

Puzzles for Logophiles 33

```
G Z B D M B I O P I C B Z C U O M C E Q X
C O L D L S R O X I S O G R A D W A T S F
J O E N I C I D R E P I B J Y X M K S C M
E C N J J N C R P V E M T J Y P N P A I A
X C N H Y U L R A T I S B A L E N W I T M
H I O M E I E A Z T S W E E S T E C S O M
T L P D Q W R N E E N C X A E H M I P I Y
D R H V S D K E Y S L U N S R R O R O L D
A Z O Y G G A U Q A S T L E S O N D R B B
E F B R K U F H T A I I T O U U G L O I V
R J I B T E V N B P T E F I V X A A L B U
B M A H W Y S A U B M E S B W I A B H Z L
E A I C B R C D Q I C E T V Y P V U C D V
R D P V O R I P T S N E E A N O C N A R A
C L J O O C W N M T Z Y H J L I T V L O R
A E Q N V R A C R V O L N U B E A E N U T
K B Y U V U I O F O S D L F K T D M E G S
P M V N Q O P N V M W I G H T A X V Y H R
S S P S T I D N E D Q O F P I Y H F T T N
L H R M C R H U E L W C I N O C R I Z Z D
I W I Z C V G S P H Y T O M A N I A P V K
```

ABA	ABSIT	ACHLOROPSIA
ACRE-BREADTH	ACRONYM	AGNOMEN
AMPLEXUS	ANCON	ANTIPUDIC
BALDRIC	BELDAM	BIBLIOTICS
BIOPIC	BLENNOPHOBIA	CLERK
DELATE	DROUGHT	ECLAT
ISENTROPIC	ISOGRAD	IVORINE
PERDICINE	PHYTOMANIA	QUAGGY
QUANTIMETER	VOLUNTARISM	VULVAR
WIGHT	YATE	ZIRCONIC

Puzzles for Logophiles 34

```
R U E M I T E R O F E B Y T I S O U T S E
I M A L P H O N S I N G P L G Y K J D U G
M Q J O G A T I R M A O P D K R N C K O T
Y F X E O R L A C O U A S M T X S O R R C
B R N M J O L J B A R R A T E E N E B E L
M O M U D I G L A E T W T Q I J I Y U F S
A W N M V G U K N K M N S C I B M O B I Z
P A K B V A K I M F Z G U X N L V N S S P
Y R T O E T C T P D F U D G E Z F K Z S V
B D K J H L A O X A U Z A B P I I D Y Y P
M S A U A V U T L Y X E V R A N I S H B M
A W G M C N M H M U K Y C N A M O R E A C
N H N B G I V E N Q V G N I N R O B A L W
W C O O Y Z Y R M O S H B B I S C A C H A
P D S R E H T I H L U S L C F D L F F J L
N D Y D Z J O O X I O Q I Q B R I V P Q B
I J O V C P M L Z T R H F T U Z Q S D H T
Z X B O D H X J E N U Q P Y L M P E A D T
R D E W K H I I D A N N O I L L U C S P S
A L I A B J T N P I A Z P A A A B O E M M
T M S I L A N R E T E Z Y X N J P O D S A
```

NAMBY-PAMBY	ABORNING	ACOUASM
ADUST	AEROMANCY	AGNOSY
ALCINE	ALGID	ALPHONSIN
AMRITA	ANTILOQUY	ANUROUS
BAIL	BARRATEEN	BEFORETIME
BISCACHA	BOMBIC	BULLA
BYSSIFEROUS	CHINE	ESTUOSITY
ETERNALISM	FROWARD	FUDGE
HITHER	MUMBO-JUMBO	OD
SCULLION	SISKIN	TOTHER

Puzzles for Logophiles 35

```
A D I B Z X G Y M N A S I A R C H Y U O D
Z V S I I F G B Q T Q A N J P I S E E I Y
Z L H V W E F G O B X D T G T X I Q Z W T
S R C T E B G M H R O S I N E P B E P I D
Q X E N U R I N E O P C T W R Q R M D B A
R L Y Z Q S B G J M Q R N X Y Y U E N C L
P A K Q M U H O C A X I O S G D F T W H P
C M S S Y T A O M I H P C O I T S H Q A E
M D O R E H Z R U A T T X K U A K I O R S
N I B C S J S Q R T N N Z V M I R N M M T
O R I A I J R S K I O I O D Z N Z K F E R
I U B I S E L B A S O G A E Y A M S A U I
S L U N E C Y C J U A N R S D M A W D S N
I A M A R B W B G N Y H E Z M A N U E E E
L O P M H I V I A S Q R K O S N I W L G X
L L T O C C J G V U S O Y T I I F K A F W
A A I R I Z T S P T D S H I N H E Y S E N
A T O P T N A C H H H R B B O C S J T A L
P W U O N H I Q Y S Y M P B G K T Q E M H
Q I S C A H J Y R D F Q T A A L U A R S G
K M A L B U G I N E O U S W L P W N G X J
```

WABBIT	ADELASTER	ADSCRIPT
AGONISM	ALBUGINEOUS	ALLISION
ALPESTRINE	ANTICHRESIS	ATOMISM
BAUD	BOSKY	BROMA
BUMPTIOUS	CHARMEUSE	CHINAMANIA
COPROMANIA	DEONTIC	FURBISH
GYMNASIARCHY	IVI	LURID
MANIFEST	METHINKS	PTERYGIUM
QUARRION	SABLES	VERBOMANIA
XENURINE		

```
G J A E W M I C R O S C O P Y M X F R T P
X O G M S W A D Y N A T O N L Z H E A B E
C C O C K A L O R U M X B O N I N G K B C
Z H W J K P Z F B A R D E L Q N Q A A Z O
A U I C A M Y G D A L O I D D B C R M X N
M I L B I F O O I Z K S Q A Y Y M S A E F
S E T K K T G F E V U P F L R C W I D Q N
I U T B E N N L C O U T Z O L F R S E I B
T J G A I D O A M M M E L O R H X I A T I
U B A K G T P O L A J O T U N V O R U U O
L E T I I E R T N L G H J T A Z X C Q N E
O F R C A D L A N Y U P H L F N Z A I G C
S Z F Y A U C B I I Y B I K X F G N Y B O
B U E N B L X I A E Y D I V E R S A A E L
A M A Z I H Y A A I A O U S Z E L T K A O
Y L H T L A Y R G K B Y G O L O Y R B U G
C L I G C V U C O T B H N I P R J R G P Y
B C Q I M X P H U Y A M Q N R H N B M E C
B M X Z V Z A Y T C Q N P G A G Y H I R Y
B U U G Q F T D I P I H S Y T E R U S S A
H N M X K L A U D S A N G U I N A R Y P T
```

COCKALORUM	ABLEGATE	ABSOLUTISM
ACYROLOGY	ADYNATON	AGOUTI
AGOWILT	AMYGDALOID	ANACLITIC
ANACRISIS	ANADROMOUS	BARDEL
BARMCLOTH	BEAUPERS	BIARCHY
BIOECOLOGY	BONING	BRYOLOGY
BULLANTIC	BYRE	DIVERS
LAUD	MICROSCOPY	QUAEDAM
SANGUINARY	SURETYSHIP	YABBA
ZELOTIC		

Puzzles for Logophiles 37

```
H M E C T B A P T I S T E R Y A M X I S B
Z U T Y P D G A K I F J L E Z R Q E G I S
T B I O N O M I C S T Z J D N V R T L G G
S J R W E S O P H O M A N I A I A N E U D
U A K N F U T Z Y N P V O L J M C U B G I
E M Q H F O C A R L Z I H R Y O J I E Q H
N S S H R K M D M A S R C F D P W M R G Q
P O N I A M X U N A B E C E D I S M I O H
I D Y M L R R Y K E S A E P M U W G U M S
H B R S H A I A X D U Y L S Q L T K P R H
P N Y I A S N J B I O X T K T W O J Z C E
M P S M M L K I A C I E T I Y O X V X T L
A T X S I O B P F I C R I A G G O F S F I
Q G Y O B A D W H R A Y P T O G P H O N O
M Z K C C E Q W U P D P S A L A Z X A F T
E O E N P R Z P O A N A K N O A Q X V C R
A E X A E E H I G X E D C J I A T U V Z O
T P O P K D R B Q A M D I A L J W J W Q P
Z G S G G N N K D U R K L V B C P B K U E
F H X L P A T U K A E L E N I N O V A P U
J K C Q U Z X A F R M O N Q B M L L E S U
```

FARD	LICKSPITTLE	MUGWUMP
ABECEDISM	ACOPIC	ALB
AMPHIPNEUST	APRICIDE	APYREXY
BAPTISTERY	BEZIQUE	BIBLIOLOGY
BIONOMICS	CAHOOTS	CARL
FINALISM	GLEBE	HELIOTROPE
HIST	MEAT	MENDACIOUS
PANCOSMISM	PAVONINE	SOPHOMANIA
SORICINE	YAM	ZANDER
ZANYISM		

Puzzles for Logophiles 38

```
G A T Z O N A R I O U S K G B R E A M P E
L C A D I N A R C H Y B X N W N X W D A G
A R E T E P E U L B R A N R E D N U S A D
I O O G E V Z D T R W H H T K P J E K M O
H S L A F T U C N E E A B Z F L A A K I P
T C O X L M I J I S E D O K B L C N T A E
A O T U G H D H O T G U W X A G K I M C G
P P R Y Z K V F R M K R E U Z D S S R V D
O I O O C S E Y A P X P R Y B T T O O B O
Z C P G N N R X H B I D Y G H D A T F A H
A D Y W I M O R O S E C A D E T F H I L A
M L M T M S T M C C P R C T S B F E N Z P
S E A J W D O U S N E A Y D S Z N N E A P
S N I E O R Y C Y T U D L S Q I Z I D R R
A Z I Z Y P H U S I O A T E U V Z C A I O
J M S Q G E K A O L C I V G I I K X E N M
Q S H M M W V K G I S K M J T G Y M V E P
V B Y I F E R O R K P I A J A L Q Q K F T
F Z N C H F R E K Q M K E E A E D E W F P
U G T C R T U O J T I G Z N H W C C M T M
W F E D R Q T K R A U E L U C L A M I N A
```

'TIS	TROGLODYTE	ACROSCOPIC
ADENIFORM	AEOLOTROPY	ANATINE
ANIMALCULE	ANISOTHENIC	APPROMPT
AROINT	ASUNDER	BAHADUR
BALZARINE	BLUEPETER	BOWERY
BREAM	CADET	CHEVASTER
DINARCHY	HODGEPODGE	JACKSTAFF
MAZOPATHIA	MOROSE	QUERICAL
SCHEMING	SQUIT	XYLAN
ZIZYPHUS	ZONARIOUS	

Puzzles for Logophiles 39

```
K E V I T A N A S M B A X H D B Z K J J L
F Y Z A O M H W B B G M R O F I U G N A O
V Z S Y A N T R A C M Q N T K D E C D H R
V A O Z L I A A A P O S I T I A N H R B E
O Y R U O C M N Q N J H A P I C A L I T D
C H U M T Q T A L S M Q E U R O F B T Q L
J S I E U P P B Y N O O S Z D O E F U O
K M A A P R U H D U V O Z W S L R P E A F
Y T C M H U E O A J I L M U O A P T W L N
E Y U K A W W R M S Y M I M J A K E S L T
S R J B M P P A S T V Q E Y O W Y R U W S
C T W R S A J A E N V T R N J C N W D H E
H A H A N L W A L U E K F Y I Q Q F C E G
I I E C O C B W Z R R T R L C L U Y Q R A
L O R H E R E K S O O Z C L N N E A C E M
U Z E Y G E Q C U D O E Y U L X L M U E L
N I F O I T S I O H U S B C L L L O A O A
A R O L D F B U I N M Q O F U C G Y E C L
G G R O A A S M D G S Y Z P Z R P Z C P M
S A E G B U P D A J B L M X H F S I T A V
N Y F Y U C V D B Z N A U K L Y Y U E N K
```

AFTERCLAP   AGRIZOIATRY   ALLWHERE
ALMAGEST   AMPULLA   ANAPHORA
ANGUIFORM   APICAL   APOSITIA
ARMURE   BADIGEON   BADIOUS
BAETYL   BOLOMETER   BRACHYOLOGY
BRACTEATE   CAMELINE   COMMONS
CRUMPET   CULLY   DAMSEL
FOLDEROL   JAKES   PROFANE
SANATIVE   WHEREFORE   YANTRA
ZOOSOPHY

Puzzles for Logophiles 40

```
H P O V W S W E L L A W A Y F E C E P J I
S G D E E C I F E N E B A C D W S M C O O
E T A L U T S O P X E L J W C D A Z T E G
W B G Y Y Z W I P C E Y A U A G I U D E K
Z A B O L Q J P C C E W Q C N U G E W W Y
F E T Y R E M O O L B Q O I O A Y K A R A
L Q B C R A Z S X S R T F G L E C Q B F E
Z U Y R H X T D B Y W Y C L A Z M P T O G
C E S C I F G L V B E K W I X M N E H R I
L R M X A N U S R Y E E T A D Q U X T M L
K Q J X U R E L B J A R O N P E I T J I O
R U V E V P C X G S M A M A S D N M U C P
M E B T D A K O A D F D G L J F B E C A S
L D Y U T L M N E K E Q A G A J S W B T G
J U J A O E D F X N P K K I X O I T G I H
C L L A R I M M A T E R I A L I S M L O Q
F E I R U B T O B H S A R B B Z O Z B N E
H C T A H K C I U Q M T Z H B M G Q D C F
F W L T B W I A D A M I T I S M E I N K V
C Z V W T I E T I R O H C N A A N T N X H
S G Y N A E C O M A N I A F F I U Q F G Y
```

FORMICATION	ACOEMETI	ADAMITISM
AEGILOPS	ALECOST	ANALGIA
ANCHORITE	BENEDICT	BENEFICE
BERM	BLOOMERY	BRASH
BRAYER	EXPOSTULATE	GYNAECOMANIA
IMMATERIALISM	ISOGEN	MAGNIFY
NEOCRACY	OAF	PALE
QUERQUEDULE	QUICKHATCH	QUIFF
WATCHFUL	WEASAND	WELLAWAY
YEDE	ZEBRINE	

```
Z W E S I C R I A L C E Y H F B E N M J Y
I M D Q S N I S C O T A Z G M V C Y T Z T
G I S O T A C H R A B B C S A K N A N Q W
S T L W G B I Y G A C B I N D E E B E U D
V A J J Q L P Y R O F S A T A L L E I I Y
I T P A A K Z O M Y P P A N K P U S R E I
U T K G J C U M H I N S E T Z P P S E T Q
U U F S S C E Z L E P R T H J A A I P A W
J G X Y H N E O A C B E H A A E R V A T N
D Z A E D W S T J H N T R N X V C E C I U
B B R U X I S M T T Q Z I A X O B L A O M
R M J T A K W N E E G N O T W L X D N N A
O H Y I N D E R R H K I S I S I B U N T N
D U F C T R V G K O A R C S U N Y E O T A
E W A Z E N L Z E Y R R O M N C M P N A T
Q F D F L K C V V B O L P T D G Q U A G A
U A F W O I I V E H I H E L R W F Y R X R
I A N S Q M P B U H B L D I I N N D C C M
N L G F U W I X P W Q O I S E L V N H K S
V A G J Y N D B K G E Y F F S Z N B Y I C
V M B H W N A O N O I T A T C U R E B Z F
```

CRAPULENCE	ERUCTATION	ABESSIVE
ADIPIC	AETHRIOSCOPE	AFFERENT
ANAPNEA	ANTELOQUY	APERIENT
BAROUCHE	BRODEQUIN	BRUXISM
BUNT	CANNONARCHY	COMMEND
ECLAIRCISE	FILIBEG	GUTTATIM
ISOTACH	LOVE APPLE	MAN-AT-ARMS
QUIETATION	SOLIPSISM	SUNDRIES
TENTER	THANATISM	TOCSIN

Puzzles for Logophiles 42

```
W A B Q X Z Z B R E V I P E D E N O R P J
R C E O P Q U A G S W A G L R C H A G H B
W T A D K Y P E Q Y V S Z I P A P N G T L
C I T J G D M K A U S U I C D H C S N W E
C N U G E H Q T E P U C K S E H M B A O N
U O S Z D T S D G L O Y I S P R D X P Q N
Z G G O J K W A A U V S I R W E W C T L O
O R P A C U E A R F B S Y P T I L R F G I
D A Z A B Y Z X O E K I G A N E I A A L D
C P B J Y L M F B T X G G A X A M I N I O
F H R B P D A G M A E C W Q L Q T O G A X
W A L N U Y F R G R V W K I K L D G I U I
X N M R W T R V N G R E S J A C I A U B O
O O Z I W K T V Y E K M D N T O D V C G X
B F T H L S V E P U Y K G J J D U C A C Z
D R H M C I W N R H G S L H M X D M Q N D
N H H Z R W C A E Y T T C A L A Z F G Y T
M U R X M H A V S R G A I N A M O R D N A
J V L M K V B V O H Q Q U I C K L I M E D
M F K O Q L L M Z L M T O O C I D N A B P
I Y G O L O T A M O R B V A F Z Y W U L T
```

ACTINOGRAPH	ALA	ANALEPSIS
ANDROMANIA	ANGSTROM	APHESIS
BACKSTAY	BANDICOOT	BEATUS
BIOMETRICS	BLARNEY	BLENNOID
BORAGE	BREVIPED	BROMATOLOGY
BUTTERY	DOT	FAMILIC
GALLIVANT	GRATEFUL	POSY
QUAGSWAG	QUICKLIME	SWASH
TRIALISM	VEX	

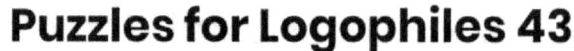

```
Y D E S S R J A L R X V F B P W U U V X G
A E N W O E L J H E X C R K N P P C M I P
L U D U A U B I W T U R I T M O R R O W E
L H R U P P U O I T Z E A D K H K E A I N
E Y C W T O A O L I Y H L O N E T P Z R I
C K B E L I K E K U N T F Y T A H A E V C
I I D G H O S A E Q E I E M C N L H F B I
T D T Q E V Z L K G E H T I O O C S A F M
E O S S D D M B A I W T R L D U M S I O R
R L I K D J N A F S T P O W Z J C S J Y O
C O L E X D B N R B A G B I T U X P W Z F
F G O E L O U D I F Y D V N L Y U H N O Y
M Y C C R W T O B G L P A E D E A Z U P G
B F I N F L V B B S E T M I A H K R K A N
G A N A Z P P A L Z U Y O N L G S Y C U V
D S M T W H L S E J K N A B M C M H I V A
E U A T Y W I T D W O P R K O E E N Y X X
E Q N I Q D L A M C Y Y K R N N S G A P L
X N E U N K O W N U W B E C E S I Z M L J
M Q W Q O G Q A H W L O W A R M Z N G Z P
O P C L I K O F W K V S I S A R H P C E P
```

ACHENE   ADJUTANT   ALFET
ALMONER   AMNICOLIST   ANCONOID
APHNOLOGY   APRICATE   BANDOBAST
BASCULE   BELIKE   BORNÉ
ECPHRASIS   FORMICINE   FOURSCORE
FRIBBLE   ISLANDIC   KIDOLOGY
MORROW   QUITTANCE   QUITTER
RETICELLA   SALSITUDE   THITHER
TWEENY   ZUCHE

Puzzles for Logophiles 44

```
B C J L B I C A P I T A T E G R G L F U P
L Z S O R A L U C I C A Y C J B T E O I B
C A A U L J P B A R O G R A P H I B A X J
X T I N S U B R O B D I N G N A G I A N O
D N N E E S Z L G A H U I J T D M S G T A
I Y V N R N Y T Y C Z M Z G L E X U Q T Y
S C A T R U T B Q E O O G H A I A L Q J M
P T Z L A L D Q V G G N S H A N C C S N H
R R P D I I H R O J I I C P G L I A C U R
A E N T B W L B E I T S I L U S T T I Q N
I D R Z O R M A S V I M I S J W A E N Y L
S N O W H E R B I T L C U M P B B K H R S
E A E K P T Z O H X E M V K D Q B C C J U
E M K A O F S Q U E A N T U C U R X E R O
Q A O P H A O J Q R A D C V E A E K T I L
M L M V C T T B O F I E A B M L G Z O F Y
S A S A A W O N F X N P B A T L B K M T T
R S A B R A G I X T J K H V W Y H M Y J C
O O E B T I N K C Y I D A B U A U H Z Z A
V S S A A E V X O P D D J Q N I W E E D D
V N T B B S Q U A R S O N O C R A C Y A A
```

ABBA	ABDUCENT	ACICULAR
ADACTYLOUS	ADAXIAL	AFFINE
AFTERWIL	ANENT	ANGLICE
BAROGRAPH	BATRACHOPHOBIA	BEL
BICAPITATE	BISULCATE	BROBDINGNAGIAN
BYSSUS	DISPRAISE	HALT
HAMARCHY	IGNORAMUS	ISCHAEMIA
MONISM	QUALLY	QUEAN
SALAMANDER	SEA SMOKE	SQUARSONOCRACY
VERDURE	WEED	ZYMOTECHNICS

Puzzles for Logophiles 45

```
J D W H N M Y H P A R G O N P A K Z G H E
D D O P P T N Y G Y G O L O M E N A X V U
B C I T C A L A G I T N A X I W N E L W H
R R I K A F R E W G S U P I X O Y M G U D
Q P A H Y A M G T Y I S Y P N L Y E N B A
U A W D R C B W O S B A A N Q A V U O S C
I L I S Y H P A B S A M A H H I M U Z A M
B N A S D S K W X R I B E O T P I O B N S
B O L F P Q E C A G O G O N L L T V L O I
L R K D T O S I N D R P E K L O P B R S C
E T E C H E N R S D I V M O O A M B R Y I
R A R T I E R A Q M D O T U A Z F Z S C N
A L W E A R C S Y A D T R A B W Q S L N A
E A K O T R E I H C E E A Y F W P X Z A G
Y B W P V S E V M A A T Q A K F U L N M R
W O H N J N A C A A F X T P F N R R P O O
T L R Z Z Q T I A M A T A H M J A A A R C
C T H G U A N F N Z U E D J Z J X M Y U U
A D R Z V I K N O I S R O T U C A J T L J
B Z E M I R A H J T P E E J G P J N Y I X
B F H C L I N S E Y W O O L S E Y D I A B
```

MAVERICK   YAHOO   ACERATE
ACUTORSION   ACYANOPSIA   ADVENTIVE
AFFRAY   AFTERSHAFT   AILUROMANCY
ALOW   AMICE   ANEMOLOGY
ANKYROID   ANTIGALACTIC   BALATRON
BOUILLOTTE   BRADYSEISM   BUMP
ISLOMANIA   ISOGRAPH   KAPNOGRAPHY
LINSEY-WOOLSEY MAYHAP   NAUGHT
OPINIASTER   ORGANICISM   QUIBBLER
ZEMIRAH

```
U D Q E G A D R A V A B C T O C U C W G X
V F H Z M Y T K A S E R E T N U A N A N C
Q B O T U I T G A M N R Y E H D U P O C S
E I A M I W X E I Y A A N V O E H R R L D
A D U G A N Y M R Q Y Z N A X T U O H D Q
O D A S O T E Y O N L Z O B A A U F B Q A
V E L V I N T Z C J A M V L I R H O S M L
E R S L N V I H A C I A R A B E K U P O S
V Y A N C E U S C D R T R T O S D N O G B
T U A W U J X O T S Q A E O H N R D U I M
Q B I Y L A L S D I X Z V R P A X G R O O
E Q G Z I L V O X L C Z A F O E R E H W L
L N R Y M O E Y X V E S H D R A T M H R L
K U E U H R A E N A E C M B C T T Z J F Y
Q K T S B T R W E S C A N R A K R M U M C
Q B T R J J R T G I R M V E L X E Q A R O
U C E W K A N A N U O J X I T D O K S S D
I W Q T L F K I W K F N D X I E H S P E D
E R L D Q U O L L S F F D L W G P E Z F L
T N E D U P M I R H A H O T U D S P Y U E
L R V K K M Q W C V W B O D O P I A A F O
```

MOLLYCODDLE	ABLATOR	ACCOLLÉ
ACORIA	ACROPHOBIA	AFFORCE
AGONISTICS	AIGRETTE	ANAUNTER
ANEAR	ANSERATED	APPETENCE
BAVARDAGE	BIDDERY	BIRETTA
BOLIDE	HAVER	IMPUDENT
PROFOUND	QUALITY	QUOLL
RAZZMATAZZ	SWARTHY	WHEREOF
ZENITH		

Puzzles for Logophiles 47

```
Z T D M I P B U R S I F O R M I O O Y C R
I J M S L Y B D N A N L Z K I Z A H F F D
E R G I O R H O L F R Y D D A B X B B T A
E N J L L R T R Y X A Z R B S Z A Z H R N
B E U L L H V A C Z X I T C G M M I A R A
K R J E Y U Z V W E O D O N G C O M N R C
S U C D G L M E R L I N Z Y I V B N D A O
F K Y B A I I M C A C L C P N U S T N A L
F W X E G N G I D E O U O K S E E S T G U
U A W X C E Y O R Z L O H C J N A B O U T
C N A P Y N X U Y O B F A L R T B E T A H
I I Q C H Y A F T A C D W U E S B N N R O
T M L A A O H R P E E I B S U C B E U D N
S A R E G R T C T J L B V O F R Q F E I E
I L E I P Y O O R M R U W A O U N A R E D
F I W Y L J R L M A B Q R M L P Q C E N I
S S N R W M R V O A U T C R A L Y T H T C
K M K Q N G V V B G N D J U A E J I T E I
R K C N J X P N O M Y I V P U B H V C Y V
V L Y T I N R E T I V E A X F F E E K Q O
I X V J E E Q P E N I C Y B M O B U W M B
```

ABSCONCE
AGUARDIENTE
ANACOLUTHON
BARRULET
BOMBYCINE
BURNET
DOXY
LAVIC
PYRRHULINE
TRANCEY

ACAROLOGY
AMBUSCADE
ANIMALISM
BDELLISM
BOOPIC
BURSIFORM
DUARCHY
LOLLYGAG
SCRUPLE

AEVITERNITY
AN
ANSATE
BENEFACTIVE
BOVICIDE
CEIL
FISTICUFFS
PHOTOMANIA
THEREUNTO

Puzzles for Logophiles 48

```
U M B J J C O Z F W A V S E U V C Q A M B
F L Z R C L R V T S Q G X R Q S E C S H O
H R A B S C I S S I O N M L C R P I M F P
A U A D H O C R A C Y U Q I H P N H S W Z
Y V I N L T T C D C D P D I N O F K W U X
C I S E I X M V V Y E E N D I A P G T X A
U C U M B V W U X R I P Z T R Y T N C I A
M M O A C C O Y V J R M C Y M A O E B R R
P L U U D Y Z A G B Q A P E H W L R R M R
M A D B O T D G U O R E K F G P N L C A M
S E I E O E I C V E L T S A B A R H O B O
I D B G O S C C T L U F T S I W D U C B O
L E H U Z I U N L O M O J P E Q G G F F N
A M P T N U I N K O J O H F X L R L Z U C
T O K A Z N T R D C U B K N A Y Q E S G A
I S V I T T A O F W Y T D T C R R R X S L
P Y E O U K A M P E L I D I O U S F W C F
A T M Y M M Z T W R K T N E M A G U N B A
C O Y C A R C O T N E G R A F A B K Z F K
E Q O N P S F M S I N O I S U L L I I D I
S V I S A G E P W I M P E R I O U S U Z X
```

FURPHY
ADHOCRACY
ARGENTOCRACY
BOLLARD
CAPITALISM
ILLUSIONISM
MOONCALF
SOMEDEAL
WISTFUL

ABSCISSION
AGMINATE
BASTLE
BOSUN
CLOUT
IMPERIOUS
NUGAMENT
VISAGE
WONT

ACCOY
AMPELIDIOUS
BIDUOUS
BUCCINA
EGAD
INTERACTIONISM
PERVADE
VITTA

```
B E G B Y Y T N A C U L E T N A X I C Z Z
P E P O C O P A A I N A M O L U O B A S O
I A Z I N E B A C N T E R R T Q D E O B J
Y D L D N A V Q T M S I V I T C E J B O U
H T R L K T P P U F G A L X S D E Z D L E
C G P K O A I H E Z J O Q M H J Q P L L P
R P J Y K T C M O S D C A J A R K I M C B
A E A L H E H A E L S G W V S L B V S E D
C G F B T U K E E D O Z Y G E E I K H M S
E A F A A I S L I N G G P D Z R Z S Y G S
D A L D N T Z C N S X U I D O D I M M A N
O M A F A T B O H I M J A S P O S L F E O
D I T O O G H A O D G Y U M T I G I Y Q L
O H U P Q R P Y R P N H S B E I B J Y S L
L W S G T S G I P A H U C H V Y C A W B Y
E O K I K I D E Q O G I T L Q K L D M M G
K J O B T K W X Y F P N L O Q J K O I O O
G D E R O H P O R E A H O I R P B X A C S
U O R F R O R E M P A L O S A O X Y L X T
Z G T P I A Y R A G E L A R I M O F Z O E
K E N W N M R O F I L L U B A S L X K C R
```

SNOLLYGOSTER	ABOULOMANIA	ADOXY
ADZEBILL	AEROPHORE	AFFLATUS
AISLING	ALEGAR	ALFORGE
ALLOTHEISM	ANTELUCAN	ANTHYPOPHORA
APHOLOGISTIC	APOCOPE	BARAGNOSIS
BULLIFORM	COXCOMB	DEMIT
DODECARCHY	DOIT	FRORE
GOODY	MALISM	NIGH
OBJECTIVISM	OROTUND	SEMPECT
THEISM	VERILY	ZINEB
ZOOPHILIA		

Puzzles for Logophiles 50

```
R L L A O D M K N A I R A D E C E B A U O
N J Z R O Y I M C X E D A N O N N A C V D
C T O Z S G H I C D E T A L L U B L H Q W
O E L O B A T E M I T N A T V N G Z U O U
O G N E B A I Z Q N B Q G O N Z O A F S H
T M O C I A W E W A W I N O G Z N X I G N
I Z O A C M E R H L K B J G H T A S A D B
N N G W I N R K E F L C N E I B E Y M M T
Y J F Y R Z E A N U I M V L L N F V M S T
Z H E H T B H N C P R V E A A Y B N O W R
S O H C N R T A E U V B U M P E R O P A E
D Z C R E I A P A S J T X E J G B I H R M
H X B A C S F E P I E D A D I L A T I E I
J E J M O U N S Z Z S C Q M W A U A L O S
H F T I I R O T U E O S Y A P A Y I O F S
A M B T B E I B J A A R A O K Z T S U G I
U W U U Y Q T T L O D W F U N I Z A S H S
C O M P E R A A N S R L Y V Q X E B M J R
U M X B L Z L H X R S A X A R B A X Z L B
C U O V U A A C B E S T I O C R A C Y D Z
G S P N A L L E M A N D E G M B T S F O Z
```

GONZO	ABECEDARIAN	ABENG
ABLAUT	ABRAXAS	ALATION
ALIDADE	ALLEMANDE	AMMOPHILOUS
ANAPEST	ANESIS	ANTIMETABOLE
APAY	BASIATION	BESTIOCRACY
BIOCENTRIC	BRISURE	BULLATE
BUMPER	CANNONADE	COMPER
COZ	QUANTILE	QUASSIA
THEREWITH	TIMARCHY	TREMISSIS
WARE OF	WHENCE	

Puzzles for Logophiles 51

```
F N O I R O B M I R B L I V R L X Y C E X
Y K I Q Z B A G G I N G B A Y K Z M I P G
L C A G O N I S T I C R A X X T K O V V N
N S E M T N X K N I W D O O H P O C A W L
A Q U I N I M E T R Y B S B N F R R X Q S
V P O O P M O C N I N N A E U U K R T M C
N P A E D O C R A C Y T K N E F F M B S I
C Y H C R A T A C E H R G H T O Z M B V R
G U L E O P O N N O A X C H S L S Q V A H
A C A A V Z W I L E D U P W B I I L W J A
D A J I B L R I H R O L I W N T R N E G N
O P P R D A T A Y C Y T L O S Z U S G Y T
O B F O L H T L C S H I I A F Q C A E O I
W G A Z R W A A R C P L L X V L B N W I P
N V W R M I B M Q D L E Z N Z U O X U J A
E V F S B P A O P U G B A L H L U P M C T
E A L A X A U R B A P T Y P A V Y U W S H
R I E W L M T T G J S C A B S Z H S F M Y
G P P G M M A E J O A N T H O M A N I A C
N H Y R C L H J E L O R A C R A B U M A F
X K R W B J I M A T M G E L A I T A B B A
```

NINCOMPOOP	ABBATIAL	ACCOUCHEUR
AGELAST	AGONISTIC	ALAMORT
ANTHOMANIA	ANTIPATHY	APORIA
BAGGING	BALONEY	BANTLING
BARBATE	BARCAROLE	BATHOLITH
BRIMBORION	BULLIONISM	GREENWOOD
HEARKEN	HECATARCHY	HOODWINK
LARINE	LEOPON	ORTS
PAEDOCRACY	QUINIMETRY	SWITH
SYLPH	ZAYAT	

Puzzles for Logophiles 52

```
X R A S U L U I M S I G R E N O M Y O K Y
Q Y Y M C X X X A N A B R E U V O I R W M
U U V M T O T N X D I E M Z L B I B F O U
A S F X R Z T A K S Y K M J F I O S F Y P
D R P A V I G F W H J T D A A X X W L H N
R M S M M K A R A Y E C C O G W L D N M I
I K G O T O O G U U Z T C I B R N P F D G
P T N B G H F A L D E R A L M R E R M N N
O Y G N O L D N E V K C J R E O A T F X I
L I A T G N A B L W G L N T B N N G F Z Y
E J L M H B T A S S A Y A F S M V A L A L
P I D S Y L H T A O L U I D H Q U S S U G
E O K I U T A X Z I Q I S Q O S Y D H D V
L B G L H N Q P Y P Q O Z R Y B Z I A I N
B P N I C E C Y Z E P X H H G W F N M M B
A H A B C C Y M Z A D T B R R R S V B P D
R I G I O S W X Y V N K E E E N C C L E T
D Y W L R A D O V Y V L L C N H P H E V Z
A W M L L N P Y A J P J V B O T T X S V Y
U P I U L D E D A C O R B Y I J F V K F U
Q N D N C A Q Y X N H C C F B F R E A F I
```

ABREUVOIR	ADNASCENT	ADUMBRATE
AFTERGAME	ANOMIC	ANTIMONY
ASSAY	BANGTAIL	BIONERGY
BODKIN	BROCADE	ENDLONG
FALDERAL	IXORA	LOATHLY
LYING-IN	MONERGISM	NICE
NULLIBILISM	QUADRABLE	QUADRIPOLE
QUATERN	SHAMBLES	THRO
VULGAR	YARAK	ZYZZYVA

Puzzles for Logophiles 53

```
O Z R P K H L B B R A T I O N A L I S M F
X A X V A Q R N L U L I A I H P A R G A K
E F X A S A I T A M I L A G D O I Y A V V
E D R E T S A T I N I T A L C S W A I N P
H A V P K O Y H R J A M Y L O I D C N A L
T R N J H D J M G E H T O P A M N F G D Z
I A K T N V X A N T H O M E T E R O J U Q
R R N E E L J L M K A Y M Q A O U R R B Y
P I S R L P B H I H G E W X V S S F C W O
S X T E B U O F M S Z G R P L M M E B W P
N O T H B D V N J U L G B E G O P N X T W
R L E P E Y P M E P L E I I H N V D A G L
H E N O B A Z Y R E E L E R R U B P J A U
L D N S L W U A A R H G L I M U A V N E Z
F I I O U M O L D F Z R Y C X G W I X N O
F C U N B H D U E L M A B Y O X M L S I U
T I Q O B U I M M U N V X G R E G E R D Q
T M P M E J K H A O R M E Q F G G S F R W
J A W E R Q C W L U A L P H E N I C B A W
W F T D E D D M A S S G X L S K R F F P T
X I K T D O Z M U T V P K I C K S H A W Q
```

AGRAPHIA · ALAMEDA · ALPHENIC
AMYLOID · ANTEPONE · APAGOGE
APOTHEGM · BEBLUBBERED · BEE
BURREL · DEMONOSOPHER · FAMICIDE
FEMINAL · FORFEND · GALIMATIAS
GLIM · HEREAT · HOAR
JOTA · KICKSHAW · LATINITASTER
MVULE · PARDINE · PRITHEE
QUINNET · QUOZ · RATIONALISM
SUPERFLUOUS · SWAIN · XANTHOMETER
YAW

Puzzles for Logophiles 54

```
P P S Y F V T O G A I N A M O R E T S Y H
A G B M P B U X O J B O K Z B C R I A F G
M V W H I U J E V W A S G K A N E S Y K M
S A P U C P F J K M L Z C L Q R S R H Z E
L X P M A S E G A B M A U I W W P J P M S
Z Z E A R E I A I M R Z B F N S L E A S S
P M V N O N A S B U D Q R T W D E R R I I
F B I I O J O Y O R O O W H Z T N I G C A
I R S S N T C P H N E A O S M Q D F O I N
S A L M A F R M N K G T B Z J G E E R T I
N T U C O H F P Q N U O A O Y I N L C N S
E T P W A R I E T I N E R S W J T A A A M
S I E Y C A R C O P R O C A C E H B Y M E
S C R H E T A N I B X O S Y B H R N N O T
R E A B X L L M P T J R G U E B E X E R C
Y E L L I U G I A F B O V P F W S V D C K
K H G J Z Y K N T P L X T A L V A B O F T
Z M S I H P R O M O P O R H T N A U L E C
J D H B H U Z A R G M S I R O H T N A P T
P P F Q Q C B E A S H E N A N I G A N S B
I D F N S M A M A U E C O N O M A C Y W K
```

DOOZY	ABSCIND	ACROGRAPHY
AEROLOGY	AIGUILLE	AMBAGES
ANTHORISM	ANTHROPOMORPHISM	
ARIETINE	BALEFIRE	BAROGNOSIS
BINATE	BOWER	BRATTICE
BRETASCHE	CORPOCRACY	ECONOMACY
HUMANISM	HYSTEROMANIA	ISNESS
ISOTAC	LODEN	MESSIANISM
PICAROON	REPULSIVE	RESPLENDENT
ROMANTICISM	SHENANIGANS	

Puzzles for Logophiles 55

```
F V R K A C C E N D D N A L R E T R A U Q
O C S F E L T R I K B V J M P V R D V A I
O O E E C I E C I A P O R T O P A Y C K E
F M X P J G F V L A D D I T I T I O U S M
A Y T J Z A E N O H B I O C E N O S I S P
R R Z F J L E N X W G A E A I Y H V U D Y
A I C F E A A S A B M N T K C W O K Z A L
W A V B R R A R U I F C U O S C D D F D Z
U R A Y A D F E A O C U F G L R I R S H M
S C E B S K M L R H I S D C J O A S T P D
S H A K B U T V Y O C C I D N P G I M J C
U Y L Z P I O L S M G O A H U D Y H U W
O Z M U J C F M B Q H S R S D P D D S U M S
N R U C E I B A I Z M C A I O M U A D J A
O E Q T J I F F R N C S K P A B A D P D S
T H N F X H F O V I A P J Y H F Q J D O P
O U V I Z I C U E B O N G T S Y R E K Y R
N X D Z N Y N R S P T U G I G I L R H W
I D S B A O I P O W L I S A Z Q B L I S D
B T N E I N E V E T N A S Q M D W A S L G
W X F H H U L L O I K Y E E R U M Y O M U
```

FUDDY-DUDDY
ACCISMUS
AEROGRAPHY
APOTROPAIC
BATOLOGY
BIOCENOSIS
FIE
KIRTLE
MYRIARCHY
WHIRLIGIG

ABELE
ADDITITIOUS
AMPHISCIAN
ARABA
BIFARIOUS
BODACIOUS
FOOFARAW
LEONINE
PARFAY

ACCEND
ADUNC
ANTEVENIENT
BALNEARY
BINOTONOUS
BÊTISE
ISOCHAR
MAGNANIMOUS
QUARTERLAND

```
Z  G  O  B  E  M  O  U  C  H  E  X  O  G  H  G  Y  O  Y  T  F
E  Y  L  G  R  Q  V  D  K  Y  A  K  S  T  R  U  M  P  E  T  X
M  E  L  A  N  C  H  O  L  Y  B  N  O  S  J  J  F  D  V  W  J
V  X  N  R  T  S  I  Z  G  I  L  Y  T  K  T  B  O  O  Y  L  N
W  T  A  E  N  A  B  B  L  J  J  A  A  R  T  O  S  Z  H  I  D
X  U  A  P  R  O  Y  W  P  R  W  A  S  G  O  V  A  U  C  I  B
B  A  L  P  L  A  D  O  P  A  M  P  Q  R  U  R  E  Q  X  N  E
L  E  L  L  Z  U  K  S  S  E  L  T  S  I  U  J  S  L  B  C  T
M  R  E  B  Y  X  G  T  I  G  R  I  N  E  N  B  M  E  F  G  O
S  E  M  T  B  Z  M  Q  A  N  S  U  O  L  U  C  I  N  U  C  S
I  D  A  A  H  E  L  J  C  I  S  N  E  G  R  U  B  Y  A  R  U
T  R  I  T  W  G  L  I  C  N  Y  I  I  Z  Y  R  Z  T  L  A  O
A  O  N  S  V  J  V  L  W  I  T  C  I  N  O  I  Y  A  I  T  H
M  B  E  O  Q  Y  E  L  I  F  T  F  M  L  I  E  R  M  M  R  T
O  X  G  R  U  S  M  W  W  N  S  R  H  I  L  Z  J  P  E  E  N
S  Z  U  E  W  C  Y  D  U  T  G  C  A  S  E  T  K  F  N  S  A
R  L  U  A  K  A  X  C  Z  I  O  A  N  U  M  N  W  G  T  P  C
R  J  C  Z  B  A  W  B  Q  S  Z  A  M  O  Q  T  L  B  U  A  A
B  J  H  B  J  I  D  T  I  N  R  J  D  J  M  D  H  T  F  S  C
K  N  Y  Y  N  A  V  A  N  B  O  W  F  S  A  I  X  D  Y  S  A
Z  K  O  O  L  Y  D  R  A  G  Y  H  P  A  R  G  O  R  E  X  J
```

GOBEMOUCHE	ACANTHOUS	AEROSTAT
ALIMENT	ALLEMAIN	ANTRORSE
APODAL	BELLING	BORDEREAU
BRANSLE	BURGENSIC	BURSAL
CUNICULOUS	GARDYLOO	ISOCHLOR
ISTLE	MELANCHOLY	MIEN
NEAT	QUARTIC	SOMATISM
STRUMPET	TIGRINE	TRESPASS
XEROGRAPHY	YABBY	

Puzzles for Logophiles 57

```
Y Y Y S C R A L U C I T R A B A D X F I Y
P C G Y F N Z N N M R E A W D U P L G A Q
U A Q M C A U U J B R E G R J I A E A N S
O R F A M E T R O P I A D B M N R E N E D
Q C B I A L A T E X P V T E N H A N T M G
F O R T H W I T H L A V T E A Q L I I O I
K R C C F E T I D N I V L E O D A S C G S
E I A N A C L A S T I C A K T H D L L R U
Q H E I V M K H B S C I D U L H M A I A O
J C Z D S F C M D X N M W B D K W H M P R
X U M A D U U W A A C C E E U S M O A H E
S S S R C N B F M N A I K R O J S S X N F
E Z I I H C S O M C W S Q F W L I I W N I
K T L A A W L U A S P O L L O C C X L I C
U C A N H A K T M G U V A M B E E R A D C
G L T D T P A X Z I J O E J R X L M Y I A
A V N I U L V X O O S I M F S S L Y F K B
R C E D E A M P G V Q P D U B N E S V X Y
G E M P S V C B H C C V M P R R B I F E A
O U S W Y M C A G X F J D U A B L Q A S L
J Y I T U R D I F O R M X P M P O C Y K B
```

COLLOP	ITALOMANIA	MUMPSIMUS
TURDIFORM	ABARTICULAR	ACATALEPSY
ACAUDATE	ALAR	AMBEER
AMETROPIA	ANACLASTIC	ANEMOGRAPH
ANTICLIMAX	BACCIFEROUS	BELLECISM
BIALATE	BRUMOUS	BUCK
CHIROCRACY	CNIDARIAN	FLANNEL
FORTHWITH	INDITE	ISOHALSINE
LEVY	MENTALISM	REBUKE
REDE		

Puzzles for Logophiles 58

```
Z N Q E J I X A S C O D S W A L L O P F U
I W I J X L B Q Q X A N T H O M A M O R V
D E K E V I T A T I D D I U Q U B C O I B
C P I Z C I R O H C A N A Z E A U B Z H Z
U J H W Q E N I N O E T U B N B H N W L A
W I S H N L N C B E E V L O L R L O E L N
T O A N O O G I B A L T S A C A D R C Y R
L G Y Z T H Q V T E K M V U M N S Y N L B
A N G D C F D E K Y I O T C A D N E E N X
M O Y U A E P S B A N P O J L L C X U E C
U B O C D A L T J A U J S A F I G M Q G B
R I N U G E E L S R M H A P M N C T O A J
B B R A L M M S S P Z L L P I G K J L M E
Y Y G T T R O E I L Y S H O L H L L I B X
W S P A O B K S C W G W I S F H A W V I J
C R K S C I T N A X K A Q I K S C K E Y A
C U N R C A L A S T R I M T T X T A R Z N
W G Z S Z K V R E C O M P E N S E K B I J
I Y J T C M A T E R T E R A L C W A I X F
E P F L W W Z W J W E N I C I M R Y M K F
M S I L O H I A R I T H M O C R A C Y J V
```

ACTON	AGAPETAE	ALASTRIM
ANACHORIC	ANOSMIA	ANTICS
APPOSITE	ARITHMOCRACY	BALLASTER
BONGO	BOSSA-NOVA	BRANDLING
BREVILOQUENCE	BRUMAL	BUHL
BUTEONINE	CODSWALLOP	CUTPURSE
FLIMFLAM	HOLISM	MATERTERAL
MYRMICINE	QUIDDITATIVE	RECOMPENSE
RUDE	WISE	XANTHOMA
YASHIKI		

Puzzles for Logophiles 59

```
U D W I A I S E H T S E A S D S L B A S R
S I N V A I U L L J S Z L G T I W Y C U O
U L M S I T I S Y H P I D O S S U W R O K
O A N G I O G E N E S I S N I O U V O R O
C T A L T F T I B I H D A D R I J C T E I
U E B H Y W T X W F N L R E O B D R E F A
D A I N A M O G O L G C U Z A A P K R I M
I E Q Z U H Q U E L E A W O G N A U I R S
V B R F W W U Q U A N G O C R A C Y O U I
L U U E A D G O I N Z N Y A U Z B N A P
A K D P D T G M R K G N B R A I R D U L A
N Q Q M W A P U T B D L R L E V W M A S G
N G O A M O Y B L E C C L T Z O L Z J H A
Y F I T R P U A P H X Y A E B U D Z G J A
X N X T S M W I B E C R Y E W P G I M N G
U O U V I S L E L X E A L A K E K X G K T
V N T C Q A M K K I S D P M V S D E Z D A
E X K K N A C L C J D N F O K E L I O B Y
S Y I L I A L A M A Y Z C N S U I M R I M
M Y K L R P X R S R M A J D S I P A H B O
Z U K B V U X X S G T F A C E C O R D N X
```

BROUHAHA	ACIERATE	ACROTERION
ADHIBIT	AESTHESIA	AGAPISM
ALIPED	ALVIDUCOUS	ANABIOSIS
ANGELUS	ANGIOGENESIS	AORIST
BAYADERE	BRACKLE	BRAIRD
BRIDEWELL	BUMICKY	DILATE
DIPHYSITISM	EMAIL	FACE-CORD
IMPORTUNE	ISOPACH	LAURIFEROUS
LOGOMANIA	QUANGOCRACY	QUELEA
SADDLE-BOW	TWAIN	

Puzzles for Logophiles 60

```
Q X V I I J D T W Q K Z Y G O G A R D N A
A H P K G B Z L U Y H Y R M G J O W W P G
X X I D M Y L E E C H E A R Z N T K K Y X
E N U P D P T D D O V B D L M B G P A A K
J S G E P H I A S O B R I X K G O A B D N
A E Y O V A P Y C P B A T X V L L R O R K
D P H W D V R S K U I Y S V E L J A A E C
N T P S D S I C R A A N S F K U M N R T W
O A A V B D A G H Y L X A Q I F N A X N O
M R R C S H A C G Y L Z X C R E S T K E H
I C G H W N D P R F O K B E H L A E W C R
N H O O E Y K Y D E B A C T H O D L I I J
A Y L T T V B B A G A I R G Z D C L Z G A
T B E H S A J S D Z P U W A R X C O M R Q
I P P F R H V I P E M P L N K L E N R E U
O A M R T G X U V P V G D E M E S N E M I
N I A L B H H Q E Z O R T D I D Y T P E L
W S W T N M W R D L Q W M S R C V A U N I
S Y V H F W Y X O Y R T A L O I L B I B N
U O K T S X R G B H S I R E B B I G N S E
B Z E Y W R Y S F M S I L A R E B I L L M
```

GOD'S ACRE	ABOLLA	ADIT
ADNOMINATION	ALGOLOGY	AMPELOGRAPHY
ANDRAGOGY	AQUILINE	BARRAS
BIBLIOLATRY	BLOW	BORATO
BRAY	BURGANET	DEMESNE
DISCOVER	DOLEFUL	EMERGICENTER
GIBBERISH	HIPPARCHY	LEECH
LIBERALISM	PARANATELLON	QUISBY
RECIPE	SEPTARCHY	SPINACH
TRUMPERY	ZOYSIA	

```
P H H A N A D I P L O S I S N S O S I T A
B G D H V U A L S M U I D N E P E T N A P
U W R E L I E V E G O S S A L F J P E E L
J S I A G D B K X N I L C H T I L O R C A
D U C J E S B U F S U O X R M R M E U C K
L Y K T O C O Y E R A S I A D E V I S M K
B W M I Q U O N S L E U B P D X L O C B Y
U H Z O U D M M D S Q T T P O N F Y X I I
L I I O T A Z K A R O A E H E R E U P O N
B N T A N O V E N N Y I K M J Q A Q F M T
U D N A K Q L K M L I L D F I R A U D A E
L O E U N N Y L A X R A M F Q D E I Z L L
Q L C B B F I P E E F F A R G A I N A L L
X E S B Z L R A N D O W A W R A M C F O I
M N E I P O G M F R B O V O H A F U A T G
Z T P V V W W J U Q E N I R U A T R N R E
I I I I H W W A U T O T H E I S M I E O N
Q W D O T B E A T L E M A N I A M O F P C
P R A U Q E C D E S W E E T I N G N Z Y E
G K U S C U S L T T E C D Y S I A S T B R
A L L F A Y N C C A F I X E L O S I X T T
```

BEATLEMANIA
ACIDIMETER
ADIPESCENT
ANADIPLOSIS
AUTOTHEISM
BULBUL
HEREUPON
ISOLEX
RELIEVE
TAURINE

ECDYSIAST
ACROLITH
AGRAFFE
ANAMNESIS
BDELLOTOMY
BYSSOID
INDOLENT
QUINCURION
SEA COAL
VORPAL

GRAECOMANIA
ADEVISM
ALLOTROPY
ANTEPENDIUM
BIVIOUS
FAIN
INTELLIGENCER
QUIRT
SWEETING

Puzzles for Logophiles 62

```
C W Y I P A X W H L O M B F F L E S R K P
R I L T L W T L H U A N K U H K X W V T S
P E R N I I T H O M I I D N R M J L O V E
E S V L F V M N B V Y L D Y A G B F Z B U
R V I R D C H X P O N H A N Y Q R G Y U D
I T D S E N N V E U J S P S A O X A A K O
W H B H E W A U I S L P I A S R U P V D S
I G U I F H S H N S I A R S R A P H K E O
N I L M Y D T D N D I S D O O G W E X K P
K N L J S C Y I E U I O A J D E O I T I H
L N I N O I Z L T B C U N H U I H N N N Y
E E T X I B T V C N P J Q A P T G T Y U A
Y S I N S A E E A E A L M W R O A I O C D
V R O A Q A Q L L D D X S K Z Y P G O P O
A V N H O H A L Q E U O K C K C L A E U A
B H U T I I E H U M H T N O M A K V I V S
G T L O C V V N E G A T B C P E C C A N T
S V J I Q C P O C W R W I L I D N M P L L
K Q S B T T W A X E Q Y C D P N P A F C F
R M J W H Y P E R A R C H Y F S C Z G O Y
P R K E R Q Q Q F O M S I R T N E C O E G
```

ADJUTAGE	ANTEPRANDIAL	ANTITHESIS
APOPHASIS	APOTHEOSIS	BEDSWERVER
BULLITION	BURGRAVE	CALQUE
CNICNODE	CYNOGRAPHY	DITHELETISM
DUNIWASSAL	GEOCENTRISM	HENCE
HYPERARCHY	ITHOMIID	LAICISM
PECCANT	PERIWINKLE	PRODIGIOUS
PSEUDOSOPHY	QUIDNUNC	SENNIGHT
UNHAND	VISIONARY	

Puzzles for Logophiles 63

```
V X G J D E S E P O P O E I S T V T B R Q
V Q H C R E M A S T E R P I R R W A V E A
X H H M X U L E H T E B I M A Z K W C M E
W N P J X H A G E H S O P D U T M Y W M S
W Y K K N C I B T R B B R B P Z L N K U T
T T S A T U I S M L A O A R B I A V I S H
A B X G Z J Z V O Z B L X L H T K G T T E
Z Q A W P A A V A E A X U P D P X O P S T
G R A T L D I C T I B I O G R A L W H A I
I E I C O A W X A O B I T E N E C B I E C
N N G H T N C A T U L O I A R I S H P R I
E I A E B E U T B B L L H U R R S K I B S
X T X U A N I Y I X O E T P K C U R T N M
O N E R D N F B R D E L S B O Z O C B P C
R A S S E I Z S N U U L O C L X O N M P O
A I T X H H B A U P B N T V E M A N E P S
B L U Y X U B L E R G N C O Q N N M Z G I
L L R K X Z C S E R O U A O O J T J A P A
E I G R J B M K E H E F K E N T O P P I S
J R Y Q T E R O H P O P A P E H D C I I U
I B Q C N W W H I T H E R W A R D F E B M
```

GAZUMP	ACAULESCENT	AESTHETICISM
AGENOCRATIA	AMAXOPHOBIA	ANBURY
APOPHORET	AUDIBLE	BALDACHIN
BANDOLIER	BATON	BETHEL
BIBLIOPHILY	BLOVIATE	BONGRE
BORDAR	BOTTINE	BREASTSUMMER
BRILLIANTINE	CON	CREMASTER
EPOPOEIST	INEXORABLE	POSH
SEPULTURE	SHUCK	SINGULAR
TOOTLE	TRUCK	TUISM
WHITHERWARD	XESTURGY	

Puzzles for Logophiles 64

```
L F Y Z U X A M A N U E N S I S V G G F Z
C Z R H A S C U T T L E B U T T K H J K N
I K F U F H E O L G P B M O S S L T P T P
K X D S G P Y O C X R D Y R U K A J I Z M
T A K T V Z V J E E G F M E X U E R F F A
A Q P U M B H E C K P R Y T S X S E Q W B
Q N Y B A R R C B R E E N S Z U U S Y X T
R J T M G U I E N G H T O I Z O O Y D R E
E A O E D A L M G X R G R O J W I H U A P
A E F N P A Z O N A O B T B O K C O M D M
V P E F V A F G C U R E P P S P A R L J S
B L M H R I S O E A V R A T L I V U E U I
B I M I T I G T M F X L V W G V I J V T N
T M B T L M C S O X W I R U W D V M B O O
U A E W O I T A T V O N E M V Y I Y Q R I
R P Z A D L F F T J N X M G R A I M E N T
N Q K Y C V O W F E E Y A K A R X R Z J I
K X J E P I L E P T O L O G Y M N E Y F U
E C G M P N M S Y X O R A P M W M B M Q T
Y I W J C E D L S I S O R D I M O R B M N
C U R F K R E T S A M E G R A B E U C D I
```

ABVOLT	ADJUTOR	AFFREUX
AFFRICATE	AMANUENSIS	ANTEPAST
APTRONYM	AYE	BARGEMASTER
BERLIN	BLENDURE	BOISTEROUS
BRECCIA	BROMIDROSIS	EPILEPTOLOGY
GIAOUR	GO-CART	INTUITIONISM
MAGE	MILVINE	NEMBUTSU
PAROXYSM	PETTIFOGGER	RAIMENT
SCUTTLEBUTT	TURNKEY	VALE
VIVACIOUS	ZARIBA	

Puzzles for Logophiles 65

```
M Z P I E D A T O L I P A C U I Z S B F N
L F E T A G U J I B B N O T I B R A B G Z
Z T Y W Y I G L A I T N E G I B S L I O M
M C W I S U V F W T B N V P Y E C Z H C Z
E D I F W H Z I T A A N Y R S X A F G C Y
Z E K H F P T F L J O Y O O P E P T B Z R
G L X N P H U C D D N T L J G L E F T U O
N P Q C O R A F R P P U S S V C G W X X T
Q H A U I T O U S M N U U B R N R C G G A
D I T E O M O M E N O P I C T U A N A T T
M N R T Y B O R A I A G M S R B C D C A R
A E E A F F E C T N G E R P A U E G N X O
C P Q Q Z P N I O I A F N T V S S N D E H
A U A U V I G F N H V G O E P I U E D I T
R V U J F A X K E B T P B O O L K Y B D T
O B V V L H M V O V H N T J A U N D W I N
N Y Z F O P P S F O E A A T P U S B E C A
I K I F F N K E B P P R E X A C U J F C R
L J U Q Y E A I C I I D S I Q P X I U A E
T K P H T L A X U L T R E M O L I S T Q T
V P R V V D R D D M S I Y R T N E P G J I
```

ACCIDIE   ADESPOTA   AENEOUS
AFFECT   ALCATOTE   ANAMORPHIC
ANNULATED   ANNULOSE   BARBITON
BATOPHOBIA   BIGENTIAL   BIGGIN
BIJUGATE   BOSKET   BOURDON
CAPILOTADE   CRUSE   DELPHINE
ENTRYISM   FLAGITIOUS   HORTATORY
ITERANT   MACARONI   MOIL
PEREMPTORY   SCAPEGRACE   TREMOLIST
UNCLE   WITHOUT   XANTHOCOMIC

Puzzles for Logophiles 66

```
Y G O L O E N L A B R O A D C L O T H T B
P L B R R X D L J F B E Z E S T E E N K V
Z E S O P E R S I A V A S N P X Y R B E F
J U M F J V I Z H N D I F P B S M S K T Q
M A G U K J G B O A M A L L A T I V E A I
S X V O R I C L R G G I G N U Z Y M D R M
I T A A G H Y Q I O Z G T U U A H A J E O
M H Q S L A T U Y G O I I C L M C W Y N R
I B L Y C E X A Q Y L I C B T J R Q F E D
S F F K L E W P R O Z A E A R T A E F V S
S A O S M I T E G A L R I R B U N H B G O
E I R Q Q V H I V B B B H A A L O T O F O
P N S J J E S W C B E Q O E U X M I M E T
B A O C K M F R Y I R A D U I T E L B W H
U M O B L I S Q F R S I T D D X D O O R L
X O T L J G W I T Y O M B S A G R I S Y Y
C R H W S V G Q U B W S Y D T X V B I C R
Z C I T S I E P A G A S D M A E M L T U U
F E T D K H P M U L P U H Q G O R R Y I U
Q N H T O O S H Y H C R A D A R T E T E X
G S W R Y W R U Q E K P T H O Z G X H V F
```

ABOIDEAU	ADDUCE	AGAPEISTIC
ALLATIVE	ANAGOGY	ANTILOGISM
ASCETICISM	BALNEOLOGY	BAR
BARATHRUM	BEATSTER	BEZESTEEN
BIOLITH	BOMBOSITY	BROADCLOTH
DEMONARCHY	FIZGIG	FORSOOTH
JOB	NECROMANIA	OBLOQUY
PESSIMISM	REPOSE	SMITE
SOOTH	SOOTHLY	TETRADARCHY
VENERATE	ZUCCA	

Puzzles for Logophiles 67

```
A A D H L U E U G I R B V Z Z M H S C D R
O G C K O Z S A M P L I A T I V E N G D B
A L O T H M Z O O M O R P H I C A M A J E
A Z S N P S A I O L I U E X D N S P B I S
Q M E V I I V R E O Z N A A I P R D O Y
D E O N X C Y E C U D E R G C E K A Z C Q
E L A K V I Z D P B P B R I L S G H A T K
D O J R L R P Z C N I A M L U G R R R A Q
N R B L J O L S T E P E A O R B C E I N E
U A M I E T A Y S H D T L A O O L H H R S
O M S B C S I B Y A I O N L E W P Y Y S G
F A I Y I I N M C O C D T H D A A T V U U
B G E A T H O A N A I H T T N N P B H C B
M I H C E L V E Q Z E I E A H Z O O P Z E
U R T P C X E R E A R O C P I U S U O R H
D R N I A G R Z D T U R Z P P G T T L A V
G U A G P P P G U N O E G W J E R A L C A
E Z P W O M F B H O I U N Y P V O D A Z X
S N J A C A E S T I V A L C P W P E R S G
Q H B S D Q A O T I M S U O A S H L D N P
G R J H A O H I L Z U R X Z K H E N C E N
```

ACADEMICISM	ACOLOUS	AESTIVAL
AGGRANDIZE	AGONIC	AIOLI
AMPLIATIVE	ANAGRAPHY	ANAPHIA
APOSTROPHE	APPELLATION	BOLTHEAD
BOUTADE	BRIGUE	COPACETIC
DARBIES	DUMBFOUNDED	HISTORICISM
OUZEL	PANTHEISM	PIGWASH
PLAIN OVER	POLLARD	REDUCE
RIGAMAROLE	TRITHEOCRACY	USHER
ZOOMORPHIC		

Puzzles for Logophiles 68

```
D Y G G T C V Y T A V E G N Y A H N M K U
O J O O D I G K M C A D Z B N D L A P V U
N X B F N W K M W E G B F I Q S T N D I N
N K Z I S G E J N T F U C J L I B E J J C
Y Y R P N L O P J N Y O C Y P A H A J O I
B C F Y A D O O A N N G R S B Y B B B Y M
R I D N I M L I Z I I A O T E A W S A H O
O U A I O T P E C L W R C L N E B I N T C
O E S R R A N B W B E B C E O S W H J I E
K N B L A N I M U G E O R P O R K P U W S
N I D G E J K K X Y G A J K S O G M L E R
W D O H S U R R E D R A Y N U H Z A E R E
P N V G Z Y I D J U U J B A O N L D L E C
H A H G T R F B K F K M L T R O E Z E H A
P G K A U S M I F N U A I N D R G G Z W F
S I J C L R R W G W R V G A N I A O J Y B
X R E B K P A Q D L R S R C O W L U M T D
H B W E N A M R E T E P F R W K I F L P I
V K W E F C H A I N E D A P S Z S Y M T Y
R E W T Y H C R A C E D N E H R M W R M Q
X P K J Q Y N E M R E D O H T N A X C Q X
```

DONNYBROOK	FIRKIN	GONGOOZLE
KLUTZ	ACERSECOMIC	ADENIA
AGROLOGY	AMPHISBAENA	ANALEMMA
ANICONIC	ANTA	APIAN
BALIZE	BANJULELE	BINDLE
BRIGANDINE	BROMOPNEA	CRIN
HENDECARCHY	IRON HORSE	LEGALISM
PETERMAN	PROEGUMINAL	WHEREWITH
WONDROUS	XANTHODERM	YARDER

Puzzles for Logophiles 69

```
J M H R B R O N T O M A N C Y P F M V U Q
D J M E N A F W E A E N I H R R A T A C Y
I T E O N X M R L C A D U S C Z B C M P S
Z F S M A Q Q J O T J C N P A P E Y Q S O
Z F V I A B W R H I E J I U G O U N F I N
G U A C M N S N T N U C D D N J F I X L G
O N P X I A G E V I T D N D A R V H W O O
Z S R E R B L A X S T S C A I E B I D S I
S O V T O K T A T M A L I Z L G M L Y O B
U T U A L U Z Y C Q B I N O H B X I B P U
O P F L E I R R W B W P O P N O W S A H E
R U Y U C L B X E C E S H T O U K M Z Y N
E M B C X H F D Z G E H P I A C I U N E I
F C H I P Y L M A M I O O M T J R U M A L
I E I T F A E C E T L D R I E G F P P U L
D T K N M E S R K C E Z C S Q R L O Z L I
N G C E I O B Y W J Y X A M U Q S B F C G
U V A D B L M D K M R L C Y M T U K U U N
R S R I A S C B Q X R N R F I V G E C Z I
A Y B B L T D A V M A O E L M M J R Z X R
K W T X B Z O G D Z M P L A S G B U V V F
```

ACIDAEMIA
ACTINISM
APOSTIL
BEDLAM
BOSCAGE
CALAMIST
FRINGILLINE
NIHILISM
RACK
UP TO SNUFF

ACLINIC
AGNAIL
ARUNDIFEROUS
BIDENTICULATE
BREME
CATARRHINE
HOKUM
OPTIMISM
SLIPSHOD

ACROPHONIC
AGNAME
BATTUE
BIOGNOSY
BRONTOMANCY
FANE
MARRY
PSILOSOPHY
THOLE

```
W E M H E Q E Q L C S C A N T L I N G N L
H S E X H D K F K R T A L L O C A T U R T
H Y A I X J K N E L O J M S I N I U Q O S
R B O M X P A U N R O C I B V D U T R A O
O K C F B V R Z B O O G B Y D M M O I H L
G R M P E A M U J Y L R A N O M R L K V U
E A N K F A V H U A O R A M E Y E Z X K W
K I D E Z L V M T C L H Y Z A T M D A E N
T L M G R X L E K I R V I L T U I K N T F
M I S E M Y G E N E W N E E I O J X T D M
S H L A K D N G T A G B B D R A Z L H R R
I P E G F L J F H A C P O B L V L R O E O
L O D T N K A A L C W P E L H N S J C T F
A S U G V S D T J T O Z A K E K L B A S I
I Y L N J W E K E R Q N O L L I B I R A H
T D A F O B H N C J T A S O I Z R W P M C
A O N H E D E A K I A T Q K M P K Q O F N
P P Q M Z B P P A P K S M E E S E M U F A
S A A U M P Z S G L A C I A T E O C S A R
M S I E H T I B A L U M A L A R K E Y C B
B F I W G S M E S O L U C I T E R V W S D
```

ORNERY	ACROPODIUM	AFTERHAND
AGNIZE	AILETTE	ALLANTIASIS
ALLOCATUR	ALUDEL	APODYSOPHILIA
BELAY	BEMA	BENET
BICORN	BILLON	BITHEISM
BRANCHIFORM	BROCKEN	CANEVA
GLACIATE	HOWDAH	KNAVE
MALARKEY	MESEEMS	QUINISM
RETICULOSE	SCAFFMASTER	SCANTLING
SPATIALISM	XANTHOCARPOUS	YARLING
ZEBROID		

Puzzles for Logophiles 71

```
G N V L V M D Y R E R U T N E V D A R E P
X P K Q S E H Z Q A K L I S A F H V K G H
Z Q Y I A F L O G I C A S T E R V T A D I
Z E N H U Z A J O T W M Y C G I M L U U C
C M T A Y D B W M S T O G U H W L L B R E
O E J P I U W X T F K W O F W A Z Q N A Z
F V N P P W U A U U Z E L A N A B Y S S O
O V O O N M O B Q U F L O T N M F C Z W O
A T V R B B Y D D O N G N Q M C Y A U R D
M Y N T L E W P A R W N E I A R I M K A Y
A F X E A U U D E A B A D M P E B B I E N
T N E B C B T N I R E D A M H L R R T V A
H O R U K A M N S E T N E E E A A E M N M
O H O B M A J A I L W A H D R I G S N I I
P P T O A X S D R I I F J I E C U I R U C
H I H N S O P J A T X K T C S C E N A Q S
O T E A T K J W Q C T D H A I A T E H A G
B N R L E O L Q X A J K G B S R T A C D L
I A M G R Z C B G Z E A U L K B E B A L C
A A I I K E A C R N T M A E X Y Y O M A A
Q J C A O R F A Y A L E L V E H T I V B T
```

ABYSS, ACHARNÉ, ADENOLOGY, ADJACENT, AMATHOPHOBIA, ANTIPHON, ANZACTILE, APHERESIS, APPORT, AUGHT, BALDAQUIN, BETWIXT, BLACKMASTER, BOATSWAIN, BRACCIALE, BRAGUETTE, BUBONALGIA, CAMBRESINE, FANDANGLE, GALLANT, IMMEDICABLE, LOGICASTER, NODDY, OMNISM, PERADVENTURE, RUTH, WAIN, XEROTHERMIC, ZOODYNAMICS

Puzzles for Logophiles 72

```
L K P Q I Z V G L I K E E N O U G H X F D
Z N C R C K C C H A T B D L R I C R Y V Q
C N C V L K E W I K B E Y S I B R M W A Z
L A A N A U D I A R G T F T X E E O O N Y
Z M F C D E X E A R C E H M I S K G T Y H
Q S D M L B U T E I C U A A E Y E O A R C
Y D B L M O Z E N S B L M G N J D L G S R
R A S O Q D K B X E T O O J O E E O Q T A
A E I J E A J K L R U T H W A U A E A H R
C B D X Z C X A I A H Q A P I C B H D I T
E S C E U H K C B E D T O Y A K E I W E A
H B P L W E I Y I I C I U L B R O N H R I
T E P T M A R S X H J O D F I T O A T O F
O L F E L M M P W B L O W A N S S G S M D
P O Z N O G S O P A U N U A X E E I A A V
A I B T U P R E V E I L L X S E J L U N G
V D T T W D T A Y R X L S G D J V A B I F
S O K M P O D I W O A U D E X Q J A A A O
B N S A V E U A I F D A E H E R U G I F D
V O E Y R Y L X S G F Y T L A C I N U D
B T Z O M M S M D S I S O H P M O G A J T
```

LA-DI-DA	ABTHANE	AGOMPHOSIS
AGORAPHOBIA	ALLANTOID	ALTRICIAL
ANAUDIA	APOTHECARY	BAEDEKER
BEADSMAN	BELOID	BIJOUX
BLESILOQUENT	BODACH	BOTTOMRY
BULSE	CIRCUMJACENT	DEGREE
DUNCICAL	EGOTHEISM	FIGUREHEAD
FORE	HIEROMANIA	IATRARCHY
LAVADERO	LIKE ENOUGH	WATCHWORD
ZEME		

Puzzles for Logophiles 73

```
X F Q P X Z N U W F U J Y H A P H A Y U H
E R T I T H E Y J M P U I L K M U H A U L
T Q U Y L R G N A P M M T L I C P F B A N
H S C H W F B J D G M I R M I A F I C O E
R C L E M Q J S E D T C E Z R I L K S Z K
I I V K N A U S T O Z T G G A I A C O C X
A S Z R S I L I N I A Q O N O D I T T E X
L X B R W C A A D C O C C U A E U S K R U
B R U Y B A N L N D N E S Y N R I A M X A
I I N Z W T L U E I L M S C U G I X F H R
F H A G Q O D H Z D J E E F T U W X C A I
I Y M L T A N S T R T N E I T U B L A B E
C C L M K M B E E I U G O V O M X S R L B
A I I X R A H F R X S O C S A R O B R Q F
T T N J X K N X V I I H C R O N V A M E Y
I A B E K T P E A J V S K I V A R U T C N
V N U W G F X W T U B C M H D M A A Z C Z
E A A H S U O I R E A N E C Z Q L K Y M L
W L D I A M D N A H N T R P E A M V P W R
H P C H A R L E S T O N A R Q S W S I X T
T A A N C I P I T O U S Y H S M A H I L D
```

CHARLESTON
AFFIANCE
ALBIFICATIVE
ANCIPITOUS
BEIRA
BYWONER
IST
QUIDDLE
SITH
ZINCOGRAPHY

ADUNCATE
AIUÉ
ALKANET
APLANATIC
BILIOUS
DELAINE
JADE
SCIENCE
TITHE

AERIOUS
ALATE
ALTITONANT
BALBUTIENT
BORASCO
HANDMAID
LACKADAY
SEXISM
YARE

```
W L T L I H D P Y G A H P O R D N A J N U
K E C T C H H E G K G R C L G E R Y I E T
O S X R I S J N L D I Q O M I M K U X Y M
A E B N S K P I L A W I N Q S A F P W L N
B D B U A E H D F C W U D I R G R W P B S
S I I M T Q Y R E R Q F E H S Y Y B H E T
O O A A S T Q U G B S H C B L M E J Y L Y
L L C L A D L T J N T S X V O M M E L O C
U B E I N A D Q G I T X B K S R D D O M A
T A T F A G I P D A P E E Z D I E O Z A R
O T A O H R O V U B B R O C C A Q L O N C
R A B R P A D Q W Q F Y D I H V D E I C O
Y D U M G V A S N U X D C U Q D Q E S Y R
S C L U S I P F F V H I L P E W K G M Z D
F F U K G C E F Z J M L T V Q M O C L S N
D M M S W F L Y C A R C O N O I L L I M A
A W S R A E R O S T A T I C S P K V D Q T
R L G T B Y E Q A M A R A N T H I N E R W
G J G V N F V O W Y K P K E N I V L A U I
W X F O U B O B A C C I V O R O U S X N F
V S D T R J R A J I B C I R T N E C O X E
```

ABSOLUTORY	ACETABULUM	AEROSTATICS
AGRAVIC	AHULL	ALGOR
ALIFORM	ALVINE	AMARANTHINE
AMICICIDE	ANASTASIC	ANDROCRACY
ANDROPHAGY	BACCIVOROUS	BELOMANCY
BORE	BRAIL	DITHEISM
DOLEE	EXOCENTRIC	FAIR
HYLOZOISM	KERFUFFLE	LEPADOID
MILLIONOCRACY	QUATSCH	ROVER
TABLOIDESE	TURDINE	

```
H T Q D F Q C O Q B L E V A N T V I I G B
S E I T V W Q F I B O Y E N J N K C X H L
T W F Z T L A W I E A R O L I W Z L T L E
L O Z Q X N A E Z D J M B Z J P M I Q A O
V X S R R A N G T M I B G O W S Z Y N X N
L L M D Z S T W E S D S B P R Z R I Q D T
S E I W A A N L M C V K S R A O L V N G I
X W O N B E L D O O D A F E O E L I P X A
T A C G R Q Y E A F D M B B R C Q O Y V S
A E N R A T Y R A O Z E B K N P H Y G M I
W V D E C A D A R C H Y B E A M D E D Y S
Y R A E V L A L N L X B B G M Y A A T R S
F J G R Q S N K D G R O E J P J S T Y T D
O Q R Q X O H H V I B E N E G E D W G X E
V O M E I C O K C E G T B S B G R J G B Q
P Y Q B A C K O C R U L J O L G D A A S H
V R L O Q H L H U Z C A A I I R E M S I B
V A R Z G E E B A B A U G T S W C C Z D I
V B O Y S D Z V O G P J V O S Y L B T S N
A D T E H O G U R E A E Q O O Y C F P W V
U Z J A C K A N A P E S T K M X F D W I E
```

ABROACH	ADPRESS	AERUGO
ALBION	ALT	ALVEARY
ANILE	BEZOAR	BIENSÉANCE
BISMER	BLISSOM	BOBECHE
BORBOROLOGY	BRICOLE	BROCHETTE
BURGEE	DECADARCHY	FADOODLE
JACKANAPES	LEONTIASIS	LEVANT
NOMISM	OTIOSE	YEA
ZABRA		

Puzzles for Logophiles 76

```
E J O Q N H Y P N O S O P H Y M N S M I K
C F M N V T A T O R G E A Q W N S J Z A Q
W T D A I T M F G O O M B A H R V D A S H
Q S S D P U W A T R H P G L A O K C L Q M
N E E Q A J Q E J W X P W M G S E Y A M Y
C Z Y J Q L R S H B A R B U L A O Q C T Z
T W D Y M O D O A Y O S Q C N O X S I P B
W N A O M B A Q V P A E Z E Y Q W S N A K
J X E A R P X B D H S T W T N E R A A L K
Q A D B M O R O C A E S O W W E A L H F E
T D I A O C M P O T T L E I D Y Q G C R N
R V L C D R U A D N Q J L N L H Q N E E I
I E E R X R D R N N F B O E D A M I M Y R
T N M O U A O U A I I Y F C N J T S N B E
H I J M M G P G R N A R I O H O L I R J P
E E E E E T W X A E O C H S I I M A S E I
I N K G K A I U K T N M B X U B C A N I V
S T E A J W R G R I I O A L H C L J N W J
M S E L C A Z H Z B N O U N A E A E L I D
E L U Y L S G C B C J S N T I A R N V V A
X D S W O Q Q P E N O M E H X A R M R P H
```

GOOMBAH	HELLENOMANIA	ITALIOT
ACROMEGALY	ADROGATION	ADVENIENT
AEDILE	AEGROTAT	ALMUCE
AMORET	BARBULA	BINAURAL
BONCE	BORDURE	BRACCATE
DOROMANIA	FOIBLE	HYPNOSOPHY
ISINGLASS	IULUS	MECHANICAL
PALFREY	PASQUIN	POTTLE
TRITHEISM	URANOMANIA	VIPERINE
YONDER	ZINCIC	

Puzzles for Logophiles 77

```
U E W F H U I M O N Y H P A R G O I G N A
F P K G Q T S J S C T B X Y H P A R G L A
L S V S S N C L G I A S D T K Y L F J U M
U Y F R X A H U F B T R I N D Q O L V X S
V N P V I G U E N A W I B W A B R A I D P
X T K I S A R R K R I Y U U U O S Z A T W
X O T F A M E O I R C J G T N B S K L O R
K M W Y T R T D I E X E S O R C K B T H L
F Y S Q I E I E X J H C H L O L M I O V
C C Y T S T C L T G T G L A V O F E L R A
M L E W I G M T A Z A C W H S N C H O S N
E E A N H A W T I M L J T E A B N A Q E I
U U J U Y X W A V J B C A X Q W M B U C M
O J S U T D G B E N A Y N S H L X A E O I
B A T U T I O X R P T F G H K G T E N P S
G Q W Y C M T N B V A L I J G M E L C E M
Y W P Z A H M I A O O B B Y G G X S E R O
G O C F D E I Y O O I D L A I S P O N A W
F U X P N A K A N U Z S E P W H M X U N I
O M C Y B F L S N W S S U O N I M O D B A
F G I L J T W H I L O M W L B O N H I B W
```

SNOOL
ACOLOGY
ALTILOQUENCE
ANIMISM
BARRE
CARBUNCLE
HORSE-COPER
LAUTITIOUS
TERMAGANT
WIST

ABDOMINOUS
ALBATA
AMBSACE
ANODYNE
BATTLEDORE
EUSUCHIAN
ISATIS
SYNTOMY
WAITS

ABRAID
ALGRAPHY
ANGIOGRAPHY
ANOPSIA
BREVIATE
FORTUITISM
ISCHURETIC
TANGIBLE
WHILOM

Puzzles for Logophiles 78

```
H G P S Y M V R T P Z P F U M H L R S S R
J G W Q Q Q E C O F B J W F H L O J K I I
E W B I M D U R E A B R O D E R I E J A D
L P Y T V R T L I R I P E J O R I S M L S
A U R D I I V L B R O G A N U S W N C O D
R P E B O I M R E V T F O S Z N T X E Q O
A I N N G E S U H H A J O W U G K N T U O
H G O A N C K C J Q K P I T G I A Y Z E G
P Y O T M F N K O M X E H V E E M Q Z N E
E Q B N W P L U E L B A I E O R I U C T T
L C A S F U A S L A M C J D M T E R S F I
B I B A L T G H C S U K B Y R I H H K I H
P S I I G B R K C H O L C R S A A I C T W
I P A H T O U Q A W T A M S U J P Z E I O
A O U V F V M W H N J N C I L F M O D O F
K N G I R X B P O U O A A S O K G N R N Q
T T C M W K R M K L N W B R B A I D E C A
N I Q D Q H H S C X L G I W A B N J T I R
C N A D E N A L G I A A C S Z M G R F T V
P E Z S M E I R N R M A S Z E O A A A Q I
U F A L C O N I N E K X H Y Q X J J S B W
```

SIALOQUENT	ACEDIA	ADENALGIA
AFTERDECK	ALK	AMARANTH
APHEMIA	BABOONERY	BAILMENT
BLEPHARAL	BOLUS	BRODERIE
BROGAN	CHAPMAN	CISPONTINE
FALCONINE	HERETOFORE	ITION
NOWISE	PARDIE	PEJORISM
PORTION	QUOTHA	RUCKUS
SALLOW	WHITE GOODS	ZWIEBACK

Puzzles for Logophiles 79

```
F O X L T A I N A M A K L O P V A N N T W
A K I S R Z J A Y N N A N E T O O H Y R P
D I A B I Q E O N R J H P M U D C T A A U
V L B A C L A T C T Y U L O J H B S N X Y
E K O T O V X K A Y I G T D I A R O A K Q
R C U H A V K H N T L L T I I L N M C I H
S A T M S A Z E O M I R O B A O S D R N S
A B S I T I P D O Z E R E G S A I I U E I
R K L S E N A A D V O N R W A I S M S Z W
I O E M R O L J L I T A O I I R A A I O E
A O D F Q E Z A E H L V R A B U I G S L R
B R G D P M S V I G D E Z I D A R T E A H
E C E I Q K P C E A I L Y N U M A F H X S
G Y N D C K C F M D F H Y A L M C J N M U
U E K A R X A V O T H I C M L C A J W P B
E C U G S C C L N N P N H O D U S J J T N
H Q K I I U I F P I B E M O U W V X G A V
C Y N E F S M H J M D B L Z S Z S Z M U Y
P G N G M L P X A W B A F C J P M E K S K
S T T Z K T A L E B E R R Y Y Q L B U V B
Q I N O I T A C O L I B U Z D N H J Z Y W
```

CANOODLE	HOOTENANNY	ABIRRITATE
ABOUTSLEDGE	ACARIASIS	ADVERSARIA
ADVOWSON	ALEBERRY	ALEPINE
ALGEFACIENT	AMIDMOST	ANACRUSIS
ANTILOGARITHM	BATHMISM	BENTHIC
BILOCATION	CROOKBACK	EIDOLISM
KINE	LEMAN	POLKAMANIA
QUACKSALVER	SHREWISH	TRICOASTER
YCLEPT	ZOARIUM	ZOOMANIA

Puzzles for Logophiles 80

```
Y O Q Y R A L L U B M S I N U M M O C L E
Y E V X A H J B O I D O N E O U S R M R E
L C O L A E S C A L B Q D W B K L R F Z A
K O L T P Q A A S N F A A Z V I O U A A L
N C C R V U C K W A Q O C G C F B L J U A
A T A H L I H O H E N U A U I X H E K K C
M Y N R Z P A A I K D G E V L H D V L X R
D V O O A A E D T N B O O T A U S D C O I
N F L A M G N D V O R B B R T U M P O V T
A R O N K E O D R I R J O T A E W Z Z H Y
B E G O U A C T X K T R A V E R S E R A D
S T Y N E A A D B F N E A O L G Z O A N D
U S D Y N U R A H M K A M B I T X B Y U T
H A E M A A P A F E M G K O U D A V K R R
Y V R U H Y Z E F R C A X H R T E P Z E B
X I R N P C L P W I X B E R I O W H J S E
F L A C O L M I S T Z A L S D T L G S I C
S O U U R S S U F Z U S O Z K I O O M S M
E Q Q L E M I R N H S K K Y H N Q Y G P J
S E Z E A G K R T M E Z O N R E H C E Y R
Z J M O P I P Z O Y P M Y H P O S O R Y P
```

ABASK	ABATIS	ACHAENOCARP
AEROPHANE	ALACRITY	AMBIT
ANGORA	ANONYMUNCULE	ANURESIS
BACULUM	BANQUETTE	BIBELOT
BODEWASH	BORT	BOVIFORM
BULLARY	CHERNOZEM	COMMUNISM
EKE	EQUIPAGE	FELL
FLAM	HUSBANDMAN	IDONEOUS
MOROLOGY	OLIVASTER	ORISON
PYROSOPHY	QUARRED	TRAVERSE
VOLCANOLOGY		

```
M U D W L T S P W D O H U H F E R W O B F
A I O M S Y V E R N G P Q Z Q O H W T D H
B G C N U D U P S U N L M A T J L P O K Y
O L A X E R O S T O M I A T U D A P I P S
T P J T N J J E O F P L A P I I M T X U R
R J D I E Y A C P N J C Y J R M A N L A P
Y X U U Y W A M F O K A U E E B A A J P Q
O W A P A R E H O C P Z P X Q E H P B L O
I T R P R L T A C K R F N A O P M S I Q U
D J C A M R I J R S P A R P E M U A J G T
A L B I P G Q S P K D P O C Y O U C Q C M
L G O A R V Y T M N E P O L U J Y R R A A
A Q U I F O R M C U E O L T U L C O E L S
B X G V Z M T I I B T U A P K E N P C L T
P Q L N H H F A E R S F A H V X E A E I E
A B X L Y E W R E M B F I H V D T T I P R
U K X W N M N P Z L E R K J Z A E H P Y B
X K S E V I T I D B A P E P L X P Y T G M
A X B R Y E G K L O S L S V G P P N I I H
V Q F J H C U O M A R A C S O U A T W A Z
A B A C U L I F O R M X E H X S H M E N L
```

FATUOUS	OOCEPHALUS	ABDITIVE
ACROPATHY	AGATEWEAR	ALEATORIC
APPETENCY	AQUIFORM	BACULIFORM
BARRACOON	BATIK	BENEFIC
BOTRYOIDAL	BUNK	CALLIPYGIAN
CONFOUND	DUALISM	EPOPOEAN
OUTMASTER	OVERBRIM	PERIAPT
RECEIPT	ROTTACK	SCARAMOUCH
SPAR	STEED	XEROSTOMIA

Puzzles for Logophiles 82

```
R N T I V A A R Y I S T H M I A N X Z P I
P D W K O S S Z Q A C C O U C H E U S E A
F N U B B I N G C H E A T E E R U N O Z J
T Q N W P N Y R O T I M O V I E X I J T W
E Q E P G S E Q D U R H J A Z E P P O L E
A E E F Q A E K L O G O R R H E A O G G A
D T S O D Q R I B A N D F G B E B B U L X
R N P N M I G D S S D Z R F G M F F T P L
O E X M A J P A Y R M Q W R A S X F H F Q
W V N X M E D A X L A O E I I R P D Q A A
N K O X W H L I L I X T U L J E T S A R C
A L Q F W X P C N E S V E C H V I L B L T
O W I Y B Q G A T B A T Q C I K V M E B I
L T T G G L M Z A P N E F U R T I V E K N
C H I L G O Z A P E L A N T E A M B U L O
F O Z M I Y W U H D L W Z I Q P W H L M M
J N H P H D L E O L A M S W C U Y S L W E
T R O P Z S V O L I L C H K Q K A K Y C T
R E P S E D B T I L T W I T H M O B G E E
T F V Q A H M X M I N S O O T H C X I H R
A G E N N E S I C A D E C I D U A T E K M
```

FARTLEK
ABSTERGE
ADECIDUATE
AMBO
BOODLE
ELAPID
ISTHMIAN
OPIOMANIA
SIPPET
ZONURE

LOGORRHEA
ACCOUCHEUSE
ADVEHENT
ANTEAMBULO
CHILGOZA
FURTIVE
LOAN-WORD
QUAB
TILT WITH

VOMITORY
ACTINOMETER
AGENNESIC
APPULSE
CLEANSE
IN SOOTH
NUBBING- CHEAT
RIBAND
ZEPPOLE

Puzzles for Logophiles 83

```
G N I L D R O L L Q T Z L H B Y X T R I T
D P U F J A N F A H H A E E P X L V D B V
D X R W W O T R C D C T T G R S N A R C B
W T K Q C E J R K I A L F H A D T N Z E U
X N A T U R A L N R C C A Z D S A Q L X N
G R E Q V N E O E A X I I A T K S U W G T
J M I S E O R N F E T I L E K A B A Q W I
G R X R L C O O P V V Y Q U O C J U B R M N
B T I U A E R B G A P W O W B I Q J D B G
A E F B D E A I C L X K B N N I B S L W B
I W R F C N T E A B D I A B O G H S Q C H
E L P Y J K Z T F E A D U T U O M P V L E
N Z N O W C U U C D T M B U A L T T M Y R
T A L U V E F P Y O P O P C G B L S O A O
S I C W D V X M O A L J E E D W M O E J A
N E V C N W Y I N E J R J O R B X U C F R
O C E W U C X Z C H V B H D N E R F E K C
F S X O A B O T H A L H D K J C X F F T H
Q L G V Z I I E T A L U C I T R A Q I L Y
J Z Q Z S O Z E Y O H C O S E Q R F W A V
Y Z X M N W Y J E P O C S O R A B Z J N R
```

ABOULIA	ACERVATE	ACRONICAL
AFORE	ALBEDO	AMPERE
AMPHIBOLIC	ARTICULATE	BAKELITE
BANJOLIN	BAROSCOPE	BOLECTION
BRASSAGE	BRIQUET	BUCCAN
BULLOCK	BUNTING	DEONERATE
EIRENARCH	FESTOON	HEROARCHY
IMPUTE	LORDLING	NATURAL
PANZOISM	QUADREL	WIFE

Puzzles for Logophiles 84

```
W Q X Q G K J M F V M R A L U C I N A I H
C J X T K Y M S I R A L O S E L Q F U L H
C V K Q Y H C R A L L O P K M S B X Q S T
J A X B U V E R Y E T C N H E U O U H E D
H J J P T S I R O V I E U G R A Z M L K G
B Q A H Y P L I D D W S K A I L B E B D W
Q O U C E T A K T Q W G R O B P R T B E R
A L T E K K H E D I C I H P A R E A E D R
I C U A R Y L O C J V E Z F A V T M L Z F
M X E Q N C A U N E G R F U W A Z J L U Y
A A D Q Q O I R M E D W Q X N R F G I H D
H I Y X U H M T D R S F R P H I T L P K U
A L G P I I C A R A A S P L E G N W O C X
L A O Q B K A Q N O B Y C G E H A N T J B
I L L T R L I U Z C N N L P V T Z S E C R
G O O E U B N I F V Y H Q G B U S S N U I
R N N F S N K T M S I E D I F G H Z T N T
A E Y Y R E H C U A B E D V W M B O F R S
P X C E F N V H B M K Z E L Y A O C O J K
H U Y L H S A W G O H W Y P T O I S S E A
Y F M W A D V E C T I O N X K W W G O A Y
```

ACEQUIA	ADVECTION	ANICULAR
APHICIDE	ARIGHT	BELLIPOTENT
BIREME	BOTANOMANCY	BRITSKA
BUSS	CYNOLOGY	DEBAUCHERY
FIDEISM	HALIGRAPHY	HOGWASH
HOOEY	IVORIST	JACKYARD
POLLARCHY	PYTHONESS	QUARRELET
QUERCITRON	QUITCH	SOLARISM
SOMBER	VERY	XENOLALIA
YARMULKE		

Puzzles for Logophiles 85

```
M Z Z B W M U M N A R C O M A N I A S Y K
S M S I E H T O L Y H T D P D A S W L Z M
I S V C E V Y K A R A B A C C O S T E D A
L V B C Y K Y L H O N D M L A A I Z V K B
I C E N L B K L A S E O R L P Y S K I E Y
B O M B A Z I N E N M X O A P T U S U W T
A L V V G C B T H E O W S P B M O Q V F T
B X B K R X U N Q C C U B C Y H T B A D E
O U U U U Y R K Y C R A A L A V I V I D N
R G B I L A G J O A A Y Q L Y L X B L V I
P F C U G H E R K Q C G I C H C A I I R D
E T H D R N S S E Q Y N I U P N Y W O F U
D L A F W S S Q U A E R E R O E T U A A R
X U R I D N E V K B T O E R R L U W D G I
W O T F C H G V A N X Y R P T A O S G U H
P B R R R S B D E H X L U Z O D H O Y Q K
O S E Z H Z A C V S A B S V I G A N F S N
G A U V W O O A Y T J H A H B A M R O A P
J O S S R O Z O V T U M E J A M G S Y W B
S W E B Z H A Q S E E D M P O R T E N T J
M J A A W G Q J E B V I L L A I N O U S T
```

ABIOTROPHY	ABROAD	ACCENSOR
ACCOSTED	ANEMOCRACY	BOMBAZINE
BOULT	BURGESS	BURSE
CHARTREUSE	DRAB	HIRUDINE
HYLOTHEISM	ISOHALINE	MAGDALEN
MAHOUT	MEASURE	NARCOMANIA
PORTENT	PROBABILISM	QUAERE
SCALAWAG	VILLAINOUS	VIVID
YOKE	ZOOCENTRIC	

Puzzles for Logophiles 86

```
M S I T A M G A R P Q N Q F O C J Q T G C
M O H M V W S E Y B R O A N T I S C I A N
C S T R K N N I F W Z E O F X N B K K C I
R Y I E Y K I C L U G R O R M P E N U A U
Q V E T U R I K S L S E O I M N L T R T X
X Z E H A Q A N S Y A H B A W T L F X A H
K O Q S F V N L D U G T G A F D A N N L T
Q Y A S T A I A L I B C E A G P R I P E M
L S A B E I C R C I F H B M B N M Y R C P
A S P X L P G V P E C F C S I V I F H T I
N O O E D U R E Y N J N E U Q B N H J I F
I T P X D M N M C O F H A R U F E Z N C S
M Z E B A F H G R W H O F U E D A R K A O
R S M D F L N O E K E M Z A Y N S W M H E
E A P X E S O R E G G A L S O U T M X U V
T Z T U L R T C J D H S H I C Z E I Y N E
B U I K D T V G X G F Q V L K N G B S X R
A V C Y D D F P N D V D S A K I D Y Q M E
Y G T I I L L N B A R I Q B O W C H W X H
Z H U F F T P E D G N I L D N E L B D L I
L I A E R U G I N O U S Y C N A Z C P X D
```

ABTERMINAL   ACATALECTIC   AERUGINOUS
AGGEROSE   ANCILLARY   ANHINGA
ANTISCIAN   APOPEMPTIC   BAFT
BALISAUR   BELLARMINE   BIMETALLISM
BLENDLING   BLUNGE   BUSKIN
CANQUE   DARK   ENOW
FIDDLE-FADDLE   IFSOEVER   INDIFFERENTISM
PRAGMATISM   PRIVATISM   QUEYOCK
SPUDDLE   THEREON   VESTIGE

Puzzles for Logophiles 87

```
Z P E D G F W H C W B E N E F I C I A T E
I Z N A I C I T C R A V E U C Y L Z D X Y
N M E L O P E P O N M U Y H R E T I C L E
H N R L P N B F U R B E L O W W H V W T Q
C E E R E C O P I D A E W E M B V X K A M
J R T I M B R E L W C O N D I T I O N S O
Z K W R B J E V N A S A M G K I F V I K X
W T B T E W A H F O Q W N U A U H E Q Z T
Q I V V H L A U F O O H E B R V H U G C E
V R P Q Q E S I L L K H E M F T I W F U S
I P Y U G K L K B S N W C U O C A A T G P
C S D I T B Z E I J C G P H K T E N Y Q O
A W S K B Q C C I R E M C B U Z F J V F U
R O Q Z D A M R J F T Y Y S Y K X R S G S
D B D G N Q Z E C Y S A V G N D Z G M P A
I C K H R B T M I P T A O P I E B A L D L
N O Y A J M Z A B S B L Y F E W G K W T N
A C K L M N G O Q E O B O N B O N N I R E
L K V X V E B L A I A I N A M O L L Y H P
N E T T A B U R P T X P X T I B I Y C B V
M I N A O K X A X E G U F R E T B U S G B
```

FURBELOW	ABEAR	ADIPOCERE
AEGIS	ALBE	AMERCE
ANIMÉ	APIOLOGY	ARCTICIAN
BATTEN	BEHOOF	BENEFICIATE
BONBONNIÈRE	BOWSPRIT	CARDINAL
CONDITION	CRWTH	ESPOUSAL
HUMBUG	MELOPEPON	PHYLLOMANIA
PIEBALD	PSYCHOTHEISM	QUICK
RETICLE	SKIRT	STAY
SUBTERFUGE	TIMBREL	

Puzzles for Logophiles 88

```
M C N L B K X X C J Z Q K O B T N O B F H
T Z U B J J E V W Y R O G I H P M A O H D
A R Y U M F A A C O L O U T H I C O J Y S
F O Z O R C M U W E X I R T A S R E B Y A
T R K Z C O Q Y N I M O N G I H R H N P F
E Y G I M S T S H O P O C R A C Y E U D H
R J N C N S L A V H S B O M B A R D E G S
G E U R I C I A I M S I E D H G K T G J A
U Z E E K V A E N T C Y P R I E A H E O A
A H R T P C E T H G U G R S E L V M Q M D
R D E I M E X W N T W C M Z F A R B Q E H
D T D M U R O M B E A H A F G F U U T Q O
B D E O B P E R Z P M V A P S L O A Q G E
T L V X R L A K S R I E K N I P D V U M S
F E L X X S I L G T E E S M G O I U C I T
Z V E B G L E Z R Z Y P Y A N E I Y S K H
G H B E F U T D A U Q Q A N B H R E V C L
Z C A S F J O E E X B N A I N A O H V J P
Z S C D O L B U B A L I N E R N X V J T C
X O H L L X A Y E N I R C N A C Q X D L S
V B Q M S I N A H C E M T U M F E F A C J
```

SLANGWHANGER	ABASEMENT	ACOLOUTHIC
ACUTIATOR	ADDORSED	AFFLATED
AFTERGUARD	AMPHIGORY	ANNODATED
ANOESIS	ATHEISM	BELVEDERE
BERSATRIX	BOMBARD	BONTBOK
BOSCHVELDT	BUBALINE	BULIMY
BUMPKIN	BURLAP	CANCRINE
DEISM	IGNOMINY	ITER
MECHANISM	REPAIR	SHOPOCRACY
SYNERGISM	VACCINE	

Puzzles for Logophiles 89

```
K E O W X S E T O X M B R U X O M A N I A
G J E R Z C Y B T B J T O A A T Q S E N O
M B B N L P W S O V I L E F G G W M N B A
S Z O K I T T M U Z V D E A M R U X S A C
I L E M J H B Q L E R E C N T J A I H A E
C A A C B A P V Y U P E E P E A Q P G Q T
I G K R S I U L K A R Y N J L R K S H R A
T B Y T O S L Q E B P M B A A B C A O A R
S Z E O X C R A A D O N X O G R D L Q L I
O R A M L E N T T F I Y E Y A O L S B P O
N G O M O Y E A U E F D E S V Q B I R A U
G E D U L L A M Q W E A T B S Q U P E R S
A L Z E G E D I N E A E C Y M K K O L S J
M W Z G S X S Z H Q R V E O Q Y G T O O L
N O L B O A D D L E A H N V M K Z E Q N C
J A N A C O E N O S I S A E M L X N U A H
L V V F T S F E R I C S I R L U U T E R U
L S P R O S T R A T E T L S Q S L D Q C S
G A B E R L U N Z I E F O E R Q C A O H B
T S U M G Y R O B R O B E T T C O U H Y Y
N Z K B L K G V Z D J X A P M U J N F X B
```

GABERLUNZIE	ACERBATE	ACETARIOUS
ADDLE	AEOLIAN	AGNOSTICISM
AGRAPHA	ALLUDE	ANACOENOSIS
ANCORAL	BOGAN	BOMBASTER
BOMBILATE	BORBORYGMUS	BRELOQUE
BRUXOMANIA	CRENEL	DIDELPHINE
ERE	OVERSET	PARSONARCHY
PROSTRATE	RASTER	SALSIPOTENT
SFERICS	SULKY	WYE
YAPNESS	ZEGEDINE	

Puzzles for Logophiles 90

```
F I H V K S Q A K M Q I C H O L I A M B G
D S V B F N O B N Q C O A M O G Y Z E O Y
O X R Q S G I S I T C W E N I L R E B A C
Z F A Q J X J W E L E B A N D E L E T I A
Z M Z X U Y M R S Y L J E L T A S P M S R
A A Y S M S I L A E D I E Q O C T R E E C
V T C U P N R Y B S B N N N P P M H E H O
K N U O E D F V X I A R Y G T V E I D T R
O A P E Z B R F U W O T B B S A P C A S I
B C B C N L X P A L R C Q Q G G C V I E U
S I D A P T A D B X B R I Y P A A U E A Q
E N A I T I O E B L Z Z F D N W O T L P S
L U T L W T W P A D T G B X E W K H E A H
B M R L Q Z O Q E G A I O C E Y R A B B R
Q M E A N F K I B V O V N N B Z Q Y E E F
V O T M N V R S R R Z T Z T A N D O R M Z
S C S G U L Z E U I D O C Z R U R Y G I X
A T A Y T N E M T U B A K R N Y A Y Y I E
Q I N V W K G W H E R E A T A P Z T T E F
N V A P S U O U T C A R F N A E I D X T G
P H H W H E N C E S O E V E R F I D Z X C
```

ABATTOIR	ABB	ABUTMENT
ADEEM	ALLIACEOUS	ALOPECIA
AMA	ANFRACTUOUS	ANTEJENTACULAR
APAESTHESIA	ARCTOGAEAL	BANDELET
BARN	BARYECOIA	BERLINE
BILLINGSGATE	BIOCIDE	BLESBOK
CHOLIAMB	COMMUNICANT	HANASTER
ICTERINE	IDEALISM	IZARD
SQUIROCRACY	SWINK	TOPE
WHENCESOEVER	WHEREAT	ZYGOMA

Puzzles for Logophiles 91

```
Q R X G W Z V F A J E S B H M Y M E D N T
B I Q A M M F R M S N R U H I G U J X F F
P A W I U F D F C W A U S N A I T O E O B
E B L N W F E H O S V I S V I I O J B D A
I D U A O E Q D S U N A K G D L U U P A W
M B T M N N A A K E Q A H O L J Q W A K M
Q C N Y X I R Q B C E K O I K J O I O U M
H O D L A D F F H R O I W M L G S B J D G
Z C F O P Z S E F A M C N I E P W F I E N
W I X P H M R Z R T R V A S I P P N E T O
C T W E L C O S M O K K O D O H F A Y A S
D R R H I X T X S T U O A M B A E F G M T
C O K E A E A P I I H S P O N E M F O I I
T P S Y P C C T G M J O R T U O B E L N C
X O H D B G N S A B U S O Q D V A E O A I
W T R L N U U Z M S E C S A D T R R D X S
Z T R B Q Q R V I L R A L J L G R R B U M
D O D O A D E E L A R I Z I Z D A U A B Y
N S M C T I B A C U S V O H S J S B H W A
Y C X O F E A Y O M B F G T G N S D R Y K
R T Z X T P R B A T H Y P E L A G I C S N
```

ABERUNCATORS	ACOCK	ADIPSIA
ADOWN	AFFEER	ANIMATED
BALANIFEROUS	BATHYPELAGIC	BENISH
BOEOTIAN	BORSELLA	BOURASQUE
BRASSARD	CLEW	EMBARRASS
FREAK	GNOSTICISM	HARK
HOOSEGOW	IMAGISM	INFANTOCRACY
MODALISM	POLYMANIA	POMPOUS
QUOTUM	RETORT	RHABDOLOGY
SOTTOPORTICO	WATCH	

Puzzles for Logophiles 92

```
M R Q N T A C C U S A T I V E Y J D X C A
N J D Z X J J K L A M S I C I O T S O N E
U I B I A H P K X U E T A R D A U Q A U Q
B I O Q O P S C H R E H V Y P Y T I T N A
O Z G O J P P I Y R B B T M D Y T F T S D
S R G C C P V Y A N L O F A Z W W E P Q E
S R O Y B L C F R J P Y J C R O H A X W N
E V S T G T T S W X A F N I A N Z Q U O
L W D H A O E Q L P Y U B H R O B P E R T
A L T M P G L U K D W B M C T A S R U D O
T Y J S O P E I Q H B H Y I Q S E Y G A M
E C H I A Q E L T E T S C S D M T L P N Y
D X S P P F Q P L N H I K S R E F I L X Z
O M D Z O Y H E E A A E L W R I G H T E V
N B W L L S M T H L P D G O H R C L M V C
Q P L K H N O U O T C X Y F R O D I X V B
A M O I O K S T I O Q Q V R W E N X X T D
R N N I Q T S C Y X S K Z Z J D A M L L C
T K D S L U I G N H G N A V A T E N T P A
J X D E H S E K R F P H X R O F P J F Z Z
I R Q V M X D H T R E V D A M I N A I T S
```

ALLEGATOR	ACCUSATIVE	ADENOTOMY
AEROLITH	ANIMADVERT	ANOTIC
ANTILOGY	ANTITYPY	BARATHEA
BELEMNOID	BOSSELATED	BOYAU
CLEPE	EGOISM	FARE
HUSTLE	LEARN	OBLIQUE
PHYTOSOPHY	QUAQUADRATE	SKEPTICISM
SOOTHFAST	STOICISM	WRIGHT
ZAPPY	ZEMINDAR	

Puzzles for Logophiles 93

```
A D J M L E P B C Y B H H V D E O V E U Y
O I Z L D H G P E S A S P A R I N E T J N
C O F W R O T A O W R A B U S G W U S Q Q
V N R Z J Q W N D G A D Q K Z R Y M O U M
H O Q P C E O C Y B S R W M K L H Q H I S
D L T F A R D N R G I E M S D P E L T D I
Y E E E O W R B D B N D U I Z F R I H S T
G B S U H D R C L Z G L T L F R A S G W N
L B S A U C Y X A B H A I A E O R N I O A
A C H A G A C Y B M A B B R O N X B L R R
E I B V U A J H I K Q E U U G S T P P T O
R T S T Z A C T R R N T C L D N Y R S H N
O R I R D T G I S I C U C P B R I W G L G
P A Q A B S A D T E H A A H R C T Z S E I
H H I T D I Y N J Y U L L H H P L X I Q Y
O T Z U I I A N O R D Q O O S H Y N M E R
N A H Y F G O B Y N C N C M G O O Q Y V S
E C G C I C H C E T I A Z A R I A V C B H
B O L R G T B X B S C W Z W W M S K R K O
L N B B F A N A M J E J Q Q U I Z M G J A
R A Y C N A K D C A C A N A C E O U S V C
```

ACANACEOUS	ACCUBITUM	ACQUEST
AEROPHONE	ALOGISM	ANA
ANOCATHARTIC	BALDERDASH	BARASINGHA
BELONOID	BRIGANTINE	CONJECTURE
HOST	IGNORANTISM	PARINE
PLIGHT	PLURALISM	PYRRHONISM
QUIDSWORTH	QUIZ	RIBALDRY
SAGACITY	SEIZING	SOAK
SONOROUS	YAUTIA	ZAITECH

Puzzles for Logophiles 94

```
G D J D E I P N O S O P H Y M E N J F C K
E A D R A P O L E M A C C Y D Q V O B B H
B I K S S N B T X V M D I S C O M A N I A
P C B R A C H Y P T E R O U S F E K D N M
X N M R X N T E P H T N G P O P I N J A Y
U E H I G H T G R T I J U E P I M M X G B
Y R E L A P T E R Y G I A L N C M S D D R
F E B B M S I L I B I L L A F T J E E C V
Q U M R I C A G S U O R E F I L L E B E G
F Q B F E S G V P L Y O M F A S E S E K
D P P S H V T Y Y A G E R Q I R V L Y X J
Y H U U E E R G R T O X A M A S E S I S
C R I O E U R T E T S A P M P H J H C M V
A V S B A K T E W W T O T Y H B H U A X R
R S G M Z O R P U B U D D L E P Y H D A V
C T P O C X G U P N K B J O N E E L U Z W
Y K T B T M U G B B T I C F O Y P Z C H N
L R O A C Q Y S C I M O N O R G A N I X R
O S U N I C A B L U E N T Z J Y J T O F
P I W V N A I H C A R T A B J I R J Y R Z
Z N U X V O A S U R I B A B Z E J T Z C T
```

ABLUENT	ACINUS	AGRONOMICS
AMASESIS	APTERYGIAL	BABIRUSA
BATRACHIAN	BELLIFEROUS	BHARAL
BISTRE	BOMBOUS	BRACHYPTEROUS
BREVET	BUDDLE	BURKE
CADUCITY	CAMELOPARD	DEIPNOSOPHY
DISCOMANIA	FALLIBILISM	GENTLE
HEREUNTO	HIGHT	ITEM
POLYCRACY	POPINJAY	QUERENCIA
YAGER		

Puzzles for Logophiles 95

```
M E N I L E H P O N A Y G R R U G G V W Z
L M S I R E T O S O T U A X A Q G B C Z O
H I D S A D G A S T R O M A N C Y O F B N
M S I T O I R T A M I V K A N F R D Z U S
I Z J R E S Z B R W W K K M T H Q O P C Q
D M P Y F N E D X O X R N B R G F R N K Q
Y V F N A O G D S U L H E R U T D L A Y Q
W A A H N Y P Y N K A F H Y P H S S J E X
L N G E T T E U O R B N O U Y J P E X L N
O O A A A A P P A U M E R S G W U G N G F
T D P I L U P C A Y P R L V I R R R R A
H O E B G O J K X J O K M I E X L E X A L
E N T O I R S L K C Y H B E O G R N G B M
R T B H C E V O B Z M O E W I G M A Q E A
W I Y P D S U W I Z O G D D T P C O Q L C
H A G O L A M S Y H T A B U E E O B N G A
E Y B R C R D T N X O D E Q R L O C C R N
R L T E X B U H J Q E W A I Z H B P B A T
E I A A R T Q D F O P U E D S R L B S M A
H F D M S E N H O E B S I C I C N Z O J R
S A F F R A Y E R Z O O P H Y S I C S H S
```

ARGLE-BARGLE	GASTROMANCY	HOBBLEDEHOY
ACRONYX	AEROPHOBIA	AFFRAYER
AGACERIE	AGAPET	ALMACANTAR
AMBRY	ANODONTIA	ANOPHELINE
ANTALGIC	APPAUMÉ	AUTOSOTERISM
BATHYSMAL	BOANERGES	BRASERO
BROUETTE	CICISBEO	CORRUPT
EXLEX	ISOFLOR	MATRIOTISM
OTHERWHERE	PEOTOMY	YONSIDE
ZOOPHYSICS		

Puzzles for Logophiles 96

```
T P E T A L U T N A U Q C M Z E X W Z R Y
U Q N J U A M D B I R F S W L Y E Y S R I
U G G K Z U W E R U B T Q B L L G R S A E
Q I M A F G R E R L E V B O B M K P V L F
Z A L H S C V G X Q K A T A G N Q W S L S
C L I X E U J A D Y R H P B L A U W B O K
H L R A W K W T L B E L H R T A J B X L I
A U U W I M C R V R A Y P I D G Y O B A A
M V C K T C C O A P X S L T Q J N R P L B
P I P H A I V P B C C C I N G J E B V I L
A O F M C T Y A S O O P M C B T Y I U A A
I N T R U O I V L M T S E I E H E N K V C
G Y A X M H K D A A I N P M Y T G A S W T
N L Y Y I P C U O H A D O E C O D R P B A
U I W B N A Q R C S I H J L A U O C O X T
U U N G A R H R I A C A T I R Q B H N P I
P E E A T T A T J T C S R A C G G Y E Y O
O T B N E N R J I K K B D R O G C O X Z N
W C U Y A A H P Z C X T D C S A I Q W F Z
T H C Z B D I C A L P K I H E M O I D K P
K J F A C T O T U M F T Q U M D S N L N G
```

ABLACTATION	ABY	ACUMINATE
ALLOLALIA	ALLUVION	ANARCHISM
APHOTIC	BARTISAN	BERCEAU
BINARCHY	BLAUWBOK	BODGE
BOYG	BRABBLE	CHAMPAIGN
CIMELIARCH	FACTOTUM	JACK
MESOCRACY	PALPABLE	PITCHOMETER
PLACID	PORTAGE	QUAMOCLIT
QUANTULATE	QUOTH	SCOLD
THROAT-PIT	XENOPS	XYLOTHERAPY

Puzzles for Logophiles 97

```
X Q Q X G R V B A R L E Y C O R N R L F E
U S E M O V E D L Y N V K E M A T E P X M
R Q A K I N E S I A B L S Q X P V M E S O
O O B M P I A A Q M O P J X S F L M R U C
D G R E M M U S S E R B B I A W L U E N D
T E A W W S S I S E P O I S O P A M G I K
I N V V A K R L O G T C E L P M A A R H H
W B H E B O R E A A V O A C V R C E I C K
E P X K I V J S N P S T E N I L A G N E B
T A T L I V E A F C A N Z I B I B K A T E
N A E W J L T F U E Y S U P G B A K T N N
E M M Q C O T L B C Y H U A C B X B E A A
U K F Q C A A P A W X A M O D R A C O R B
N O A I N T S R E G T M C G U Q J V T G Q
N E S U E B C U W R O R C C F T U K N Y O
A M H E B O G T A N C V R W I V P G B Z X
S U Z S H S Q P F L O H D T X P M U O G N
M L W P F T W D T I I L A X D P I T L P R
A C E U U O U N G C S K N Z S C T Q O C
Y S N P B N K L K B O L M R C Z O E E A V
P N A Z T K L O P E M A N I A E J Z C R H
```

ACCIPITER   AEROBE   AKINESIA
AMPLECT   ANATOCISM   ANNUENT
ANTECHINUS   APOSIOPESIS   BARLEYCORN
BEATA   BENGALINE   BOSTON
BRESSUMMER   BROCARD   CASUALISM
GAMMON   KLOPEMANIA   MELIORISM
MUMMER   OSCULATE   PERCHANCE
PEREGRINATE   PSEPHOCRACY   SEMOVEDLY
VOLUPTUOUS   ZIBIB

Puzzles for Logophiles 98

```
I J V X E C E I P R E T F A G A R C S X Z
K E C N W M F B B B N X V B Z G B G L J A
Z G Z P J J R W R U I C U P P E E M S T E
L C Z J G A A A M C P C R O E T K I P G R
M G X L L N L B W G C E L S A O J I E N E
A I Q I O I L M N I C Y T E V R F I L O N
N S F N U E T I N R T I L W L A I M E N C
O I Y N S Q R A E H N G N H E H G V A R H
B M D Y K C L A E G A O E T X T M Y N E Y
E E N M A G N I S N V O E F A J T R T H M
K T F S N T S H I X G T W A A M X U I T A
T S Y A A M R F I B V I T E A M D R S I Y
N A C V G U I E A S G J S H U A J T H L
E C A P N Y M D T I C H E C D P D N R E N
M B R L O J N Q S I A H F U Y Y D G O B Z
T E C E R Z W A S L C R I V Q L W R P U S
S W O F I W A U R L W E R A E I J W H Q S
I F G T S N Q E E Y E U L G T H R G E R I
G U O R I X R E S O C H F L E I G P X O J
A W L W S F K J R S Q Y K O O B C C A V Q
H O H I G H J I N K S Z W V S U L I R I O
```

'TWEEN	AERENCHYMA	AESC
AFTERPIECE	AGISTMENT	AGYNARY
ALIUNDE	AMANOUS	ANAGNORISIS
ANONYM	ANTISTROPHE	APRIQUE
BEESTINGS	BEHITHER	BIFILAR
BUCCINAL	CNEMIAL	FINAGLE
GETA	HIGH JINKS	ISCHIATIC
LOGOCRACY	NUMBLES	POLYTHEISM
RECREANT	RETICELLO	SACRING
SCRAG	SCURVY	WEBCAST

Puzzles for Logophiles 99

```
M M Q Z T D T E N I R E S N A E D Z P O I
K F B E D E G R A D E A S A L D S E U C F
D M Y N T L Z M N E R T N A L I D Y E O Y
E W U D H W J I U P I A S B M N T Y K B G
L G T Z E G A P P A C K R H G E I W Z B U
D G G L T M Y I X A R O T O K E R J A A M
N O O G A L V F M C C X T N G E T N P N S
I M Y Q E J K P V H L R A P S I D P D V C
R R Y I E U T V T K E L S N W T R M Q A A
B O P V N I G U L P B U E B Y O S T R N P
P F T X C R X R A I C P E C P I A X E T M
K I O M L A A L Z C I L H I N N Z A X I S
Y E O E Y U A C E C L I N A A S B J R S I
R L H L Q M N S A C S Q I N P I E Q O T R
C U S O L H S C O M U D D T L D V I G R E
Q C R D Z M M T W I I R A B U L I A M O M
W A E I M E E S T F I U T G V X G H G P E
O P B S A C Z Y I O A G T Q Y F V Z L H H
R L M T H A Y L U C C K R T M Z O P S O U
U Q U I V Q O S C S A G J V H O P E P N E
C W B C D S R J T D L R Q P W X E A M T W
```

BUMBERSHOOT	ABULIA	ACIPENSER
ACULEIFORM	AMAIN	ANACAMPTIC
ANANDRIOUS	ANEABIL	ANSERINE
ANTISTROPHON	ANTRE	APPROPINQUITY
BELLCOTE	BLANKET	BRINDLED
BROCHÉ	DEGRADE	EUHEMERISM
MALAPERT	MELODIST	QUARL
RACISM	SOLIFIDIANISM	SUCCESS
TRIG	TYCHISM	

Puzzles for Logophiles 100

```
Y M C Z A E I Y A V A L G I N U R E S I S
R I B F R O S T W O R K P G N Y D E Y A R
A M G E H T H P O P A M J O K W F F T B T
I A E V K P R K W B R R M O O J F X A J A
S B L F T W A X D R D O O Q G E R L I S B
I S T Z E D O A R Y S F B K C O B B T D O
R T R E V A L R B E I I M S Z R U C S I R
C E P Y Z A C A O Y S N A M I C E M E K T
O M U E D J L Q G V E O H G M L T R X W I
P I G A L I F E G D H B G D A A E O Y E C
A O X X C F W Y A A T A H N P A M F K N I
V U L O B V V Q R V N S A Q X R O I H I D
O S R Z U S L N T C A H X N A D T N S R E
C N S W L J Z X S B U W O T S W I O I R E
J J A G G G C R A T J D P S M O V F F E N
K H J M U E A M Z K O T C E I L I U F V I
Q R L G R N W W U M M U J Z H F S B A I L
Z G F H A Z K I F T A O P W A F M J R V L
M Y P D M O N O P H Y S I T I S M U U O I
U U E Z Z P M U E Q U D M Y J Y F V L M U
Q M X T T S A Z R Z G O A G Q B F D N B S
```

AARDWOLF	ABASH	ABORTICIDE
ABSTEMIOUS	ADYTUM	AHIMSA
ALGINURESIS	ALICORN	ANADEM
ANALECTS	ANTHESIS	APOCRISIARY
APOPHTHEGM	BALBRIGGAN	BOGGART
BONIFORM	BUFONIFORM	BULGUR
EMOTIVISM	FROSTWORK	HAMBO
LAVER	MONOPHYSITISM	PELF
RAFFISH	STOUP	SUILLINE
VIVERRINE	ZEDOARY	

Puzzles for Logophiles 101

```
W K W P K V P A N O I T S U B M A X G V X
D M S I C I L Y H Q J A L T E R N A T I M
R S A B M Y J M S I N A L A B Y C K M Z Y
N I B U L L A C E T R K Y U T A S C E C I
U X F V U T E P H C O M O G A E U Y S Y J
H I A J H R S V E I T J G Y Y S O K U K O
I M M Y U R Z A Y K Z G M S M O L T R O E
U I N F U Y H R J G Q Z O D N P U K I Q N
Z H I E M E I M E L L X P N B I D T E A J
T P O U Y L R A L L O Q U Y F A I F N S M
S M M D N L L X C X C U M A S N C B T W S
I A A J D K Q I O M E K A H S E A A Q E U
M Y N E J H G M S I N O D E H A P V C V L
A A C L V O N X Q P O T T A O T E D Z E U
G F Y I G A B P I R S R U B O M V B W N C
A P L A Q F E R P I A E S T Y N J R V M A
M V D R S Z E R G F A J I B Y T H C A Y B
H P L N U A N A T I A C N T K S Q H Z A W
V I F G X H Y A U M C R S U B L I M E S I
K P A R A L L E L I S M A P P L A N A T E
X J I H P C U Y R E M M U L F U H I V L T
```

ACIDULOUS	AESOPIAN	AGAMIST
AGIST	AGOGIC	ALLOQUY
ALTERNATIM	AMBUSTION	AMNIOMANCY
AMPHIMIXIS	APPLANATE	APTOTIC
BACULUS	BALANISM	BULLACE
CLATFART	ESURIENT	FLUMMERY
GYVE	HEDONISM	HEYDAY
HYLICISM	PARALLELISM	REAVE
SHAKE	SUBLIME	SWEVEN
YACHTY		

Puzzles for Logophiles 102

```
Y E T G W W G O Z D Q H Y R T A R R A B Q
K B I B L I O P O E S Y S S X A H K O A K
I G R C W C E N R T Z C R E K K V Y A I Z
R A T H E R I P E U E Z N M Q U M B V S G
D V D H F T V T C B I U O D B B R R R B
L M D Q H N E W P U D L H N F E H O O E S
B M M I Q B Z U L Y B R J T S A A U T G I
Z D N K I X K W T E R E J P L T H G A A N
R G E M Y T A W Z T U C A N J K M H G W A
E V G S L R Y W E A W H I T H E R A C M N
T M N I K D A X Q T D B G T X F A M S E H
E K I O I W P T L S N K M D N C J I R M E
M H C Z D I X L V E Y M U R V A E E W O D
I H C P R Y E A S B F C U O Y H P A C K O
L N A Y X A D A C C O L E N T M P L O X N
A R J X O M M U L F Y W J O A I C U E Y I
K M A C I L E N T T G B N B S B I G Q T A
L E T S I L U R E U Q E A T Y I L E L U P
A U Y H P N U L M E H F I B E B B A G E K
H Y H C R A N H T E H A C U Y S N W G Z Q
F R B A G R O B I O L O G Y P O U X A L I
```

FLUMMOX	ABAMPERE	ACCINGE
ACCOLENT	AGERSIA	AGROBIOLOGY
ALKALIMETER	ANHEDONIA	ANTICRYPTIC
APISTIA	APSE	BARRATRY
BIBLIOPOESY	BROUGHAM	BULWARK
ESTATE	ETHNARCHY	EXPIRY
GALBANUM	HENOTHEISM	MACILENT
NITHING	QUERULIST	RATHE-RIPE
SEMON	WHITHER	ZOISM

Puzzles for Logophiles 103

```
A G A L A C T I A M Y B U C E N T A U R U
T I N A I R A R E N I T I E Q S J X P Q R
B N J U J Q B I D J F C L D T F C J A B J
A D T O V E A A X B Q Z W H L A U Q I Q C
P I Y A A S E C S Y V P O C A O P V J U W
A G G V R F N L E C S F W O I W H X N M E
T O E H A O U Y L L M U F R N D W E R O B
E R Y Y C U G H R E D Q B B P Q I X B A N
T L Y K I A O Q D R R A Q A A M W X R F O
I A M A T B I D R H P A M D C A F B R E I
C U A H S T I E B W O H U A A Z I K A T T
J D Z C U F I A C A T E S Q R C K U M A A
R I Z Z O B O N A S U S D O A K L O B R C
X R E V C C Y C K Q Q Y I N K A R F E T I
R T B Q A G W J I A F N S X L M J H R S F
N A A A S T C U W F E J P K B R O X J O I
X U H V I U L V I R X Q O D K A O C A R N
B Q I W G K W J X O E G R T R H W B C I O
M P A Q U I L A T E D V T Y A D D C K B B
U Z X U E U T R I V H V W B A A C J O Z Y
K H O E A D E A I N G A L O G L A B G Y E
```

ACAPNIA	ACATES	ACELDAMA
ADHARMA	AGALACTIA	ALGOLAGNIA
AMBERJACK	APATETIC	AQUARELLE
AQUILATED	BARBICAN	BEAVER
BEHOLD	BIROSTRATE	BONASUS
BONIFICATION	BROCH	BUCENTAUR
DISPORT	HOARY	HOWBEIT
INDIGO	ISACOUSTIC	ITINERARIAN
JIFFY	MAZZEBAH	PATE
QUATRIDUAL	VIRTUE	

Puzzles for Logophiles 104

```
I M N L X P U J C J W R U M A I N S T A Y
M B S U X Q I A S C A D B Y S F A N M P J
M R C I N R C F X A U H K B S C N Z U J S
S E C T R C L D D U T W Y K A P N K B M A
I H E D D O O E I O W M N N G U C B E S T
M O G J I H I M I P F H T C Y Z I Y U I Y
S N O L R O A T M F E H E N S W Q Q V L R
O A G L V P T E U O A L A C C I T E E A O
C N A O P V A T O T N K B F P E H N T U M
I T P U E P N W A N Z H I X W L I I N T A
T A I I L F G N W L I Q X H G D Q C A I N
E P Z U M O B T K W B A M F N Z L Q S R I
H O H N G Q U P I Z J M N A A M B Z S I A
T L U E Y Q R C J T R S M Y W B F O I P T
E O O N R O O Y H E X L B L E N C H U S D
O G V I E K E P B E A E R X E E K Q P M M
B Y Z S N M H I A B N E G A T E X K A W Z
U J Q S E J G S X K M S I L A U T U M U Z
P U X Y V N Z S E T S I N O G A G Y Q I W
S D I B I B U F B V X P X J X R U C M H L
Y L F Z A B S I N T H I S M E I N R N N N
```

ABNEGATE	ABSINTHISM	ACANTHA
ACCITE	AEONIAN	AGOGE
AGONISTES	ALMANDINE	ANTAPOLOGY
APPUI	BLATTOID	BLENCH
BOETHETIC	BREHON	BYSSINE
COSMISM	LEPID	LOUCHE
MAINSTAY	MAUGRE	MUTUALISM
PUISSANT	RAAD	SATYROMANIA
SPIRITUALISM	TUTIORISM	UNCOMMON
VENERY	ZINGIBER	

Puzzles for Logophiles 105

```
G C G I D Q A F U Y J W X A B A C T O R M
D V M H R G M O A E N I L O Z N O B H R Y
L Z R Z O L K I S Q M P L K U D F A K D W
W Z P F B B S D V R I Q C E H Z Q C Y Y S
B F M Y A E A H H S S L T D J Y X I I R W
B U T W N D M I T U T H D U U A V H U T E
T P O M R N U O G A E N Y A N R E M M A G
U R C D Z F L N H R L M C G M F U F C L L
P E U T R E G Q O M E A R K M F G V D O R
O U Y A E M K M E C Y N N S F Y B Q R D D
U D R R M C A E I A E N A G G T B O I R P
N E O M J N T M E Y P J P O I R Z V P A O
C Z H F I E O N M D Z Q L S A O X Q O B S
E I C A Z N N O A C U O R C N E L N V M I
T R O A G O O C D R I C H A D M H O P O T
B A O Y S W E W N R J E L T A I S Y G I I
O L Z B T V R N G Y T O O B A G U B C Y V
X E N U V R E A M O R T A L I S M P C I I
J E W E B G H S Q U E L C H Z M E F N K S
U T A M T P W X Y H C R A T A R T S M K M
B A L I S T R A R I A H D N I V A B G U J
```

ABACTOR
ANERGIA
BARDOLATRY
BRACHET
ECMNESIA
GAMMER
MORTALISM
POUNCET-BOX
WHEREON
ZOOCHORY

ABORD
ANGIOLOGY
BAVIN
BUGABOO
ETHEROMANIA
GAUD
PISTOLEER
SQUELCH
ZIRALEET
ZYGNOMIC

AGRIOLOGY
BALISTRARIA
BONZOLINE
DAME
EYELET
MEET
POSITIVISM
STRATARCHY
ZONAL

Puzzles for Logophiles 106

```
T S N O I T A I H C A R B S E L F C D Z C
A I Z R Y M K E D V A B U N A K V E Z O X
F W Q U O E C P J G I I M S I D A N O M L
N G N C I T S A M I N A Q X M N N W T W P
N A G I N A N E H S Z Q Q U B C Q B N T Y
O J X P O T A T I O N W F U I E A B A F T
K A A R J L E P I D I N E E O T W B I X Z
D P G E L A R C E N E R C P Y A X O E Y O
G A C F H B A C I L L I C I D E D A L A R
M O I T D N U C A I E R W V Y I P C I B A
S W B B F I O X T Y T L B X J T T N C N A
I T P F N C F O B P F G Y B Z T A Q T K R
H Q O Z U X D G Q Z S G F P Q M O H A O D
C W Y L J S C A B O O S E Y I R E B M E F
Y S E M E C C B A A A N Z S E L E W V U F
S Y F E T G I A T L U Y O L I K O V W Q W
P J L L N W N U T I B N O O A C Q E D S M
V Y J B I A K A B E E B N F E J D J A L R
H C I S U C A N A I C H A R M A N T E E K
E R N S H A U Q B P O P O C R A C Y T N U
G W O V P N E N I C A P O L O C S I W K P
```

SHENANIGAN   ABAFT   ABLOW
ABUNA   AEOLIPYLE   ANACUSIC
ANGELOT   ANIMASTIC   ANTHELION
BACILLICIDE   BIUNE   BOLERO
BRACHIATION   CABOOSE   CHARMANTE
EFT   ENOSIMANIA   LARCENER
LEPIDINE   MONADISM   OBFUSCATE
POPOCRACY   POTATION   PSYCHISM
QUOAD   SCOLOPACINE

Puzzles for Logophiles 107

```
J D I O R T S I C N A E P I P D N A T S U
A X B K D X E K N Q L Q B N E E T F Y R U
I L O H Z N Q U D A B S O L U T I V E B R
N G R Z H U O F J I E X Y S I D E R I S M
A P B N Z N K H E O D N T N F H X A F Z F
M R O M D R B D M J O E S D O C E B S X J
A O R A F E A S P F C Z H K R R C E Y P E
M C Y D E L I L N H F U S T Y O F A G Y A
O U G R O M S I N H E L S N E I L M L J U
N R M C J G E O S E I H S I I M A L K U D
O E C E F L M U P A R T P A L C B I A Q E
Y A X W I A A Y E T A N I L C C A S I P N
O E V C N Q I X P A K Z J R P J Q V Y X I
Y L R I R T N G C B A G G R A T E R E Z L
F I A S T T K U Q V N Q K U A G H S P C Y
T H S G T E L A P A B Z M T U O O J Z Q Z
Z W Q U L E F L Y X D A W S X P L G F S J
J E C B A J K W O R S J W X P W G B N A S
T R B T T O O C L B X Z Y A N S K V J L A
Z E E J H B E N E V K L M S I C A T I S S
K F Z L L S E L B B O W Y L L O C U F A M
```

BORBORYGM	BOWYANG	COLLYWOBBLES
ABEAM	ABSOLUTIVE	ACCLINATE
ACCOLADE	ACULEATE	ADNOUN
AGGRATE	ANCISTROID	APPOSE
BAISEMAIN	BECKETS	CLAPTRAP
EAU-DE-NIL	EREWHILE	FUSTY
ISHIES	ITACISM	ONOMAMANIA
PALLOR	PROCURE	SALSA
SIDERISM	STANDPIPE	TECHNOMANIA
TEEN		

Puzzles for Logophiles 108

```
N D G H R X Y B R E T E M O R E A W S B P
V C K P Y K W J V V W A Y A O J H W Z I B
D W Y H H E E D L E A E L O E L H W B R V
K X P C C T L Z C Q D P Y I L I U X R E Y
Q V I A R A D N P G R N O D Q N Q W E T Q
S F C R A L D R J Y A B A L H U F I E I A
Z E F B T U A E W R E I W L A N A V C C E
Y I Q F I C D K U B F C L D I U X N H U R
B L K C R I E C X G A I C J Y P S V T L E
V V C G T S K I E O A R L A G B H T Z E M
E N O Y W R S B I G F M B X O U U A I F O
N E N E E U I R D W A J Q X L G E Q T C L
I O N Z Z B B A E S E D C X O I N S H I I
T N A S L M Z C N C X C Z J T A B G W E C
N A B P M P S W T Z H C V O S J Q F F L E
O T M C I R N A I F A W Q Q O X G O J R O
S I H T R A G N S L X J M M R K W T S T P
I C V Y Z W A O M U X E E F G R S Y I A P
B I Z Q I O Q A B W F F O W A A Z M S T T
E D O B J D A N D I P R A T M X V Z V L N
F E B Z B Z X G K F B U C O L I A S T R V
```

ABJECT	AEROMETER	AFEARD
AGROSTOLOGY	ALIPHATIC	ALIQUANT
ANOA	APOLAUSTIC	BANNOCK
BICKERN	BISONTINE	BRACH
BREECH	BUCOLIAST	BURSICULATE
DANDIPRAT	GADZOOKS	GARTH
IDENTISM	LIEF	NEONATICIDE
POECILOMERE	RETICULE	SKEDADDLE
TRITARCHY		

Puzzles for Logophiles 1 - Solution

```
X Q W O O Z A G Y N N A R E K L A T I M B
M Q A I N A M O T U E T E F G K P K R M P
G A E Z I W M D N E N I V E D R E B A Q S
X Z G Z C Q S O M N A M B U L A T E S O O
S S C O U U M F O E L O P O I L B I B T O
T K E L N E B V L L E X Z C Z E U S Z L Q
K M U Y X E T X W G U R O E Z X E J O I E
Q M G S M N J J M A T E D G I X M L Z X
A D O U N R H U B A R B J Y D A E E R R E
I M L F M I S K A G Z W R I Y N R A
N N L F I G K A P B E D A N T O Z D E N N
A K O E X H E E A R I H R C E L E E B A T
M L C R C T R H O P I B Y D X W Q U D K I
O I B B X I F G G O O D L Y Z D C J M G B
L I S O A W E J F Q P L I H Z U D A N R
G X Z S C N B H H S L E U K O V O W U H O
N J T Q E R D M W O O D B Z A T D I Y H M
A E R S L N A O J W C F X N U F A I A G I
R B I I P J B C R P J U T C L E K P H A C
R S S W H S R T Y E N O O D I R B M H P K
D P U L L A S T R I N E Y R O T I B I B T
```

Puzzles for Logophiles 2 - Solution

```
K G H Z X C I T S I L O E A B Z K T U A S
F D P P Z F X N T B H A N N A L A A C J O
L Y R N T S H A M S I H C Y S P N A P H B
A B I L G E M R N M E T N O C B R Y R V A
P M Y A D E N O G R A P H Y C P U W V A E
D S B L N T H K C A M N K E O O V E F N C
O I M D C M A L I S O N H U V F V I N O Q
O N E H M O R Y N C B V S P J E S Y J R K
D E Y S Q B R E E D B A T E H Y R R X C L
L M I I W U E R R A G A B C P C Q B H A
E U R A G S E I F B Y A W T J D E A O C
T N G C D V H L M G F A B L U T I O N U I
U D U X H Z K O L A M T D O N D A P E S P
S J S D V R S D O I M X E A R B E J T J A
I E A A V W R A S L O A M R T Y H T E B
Y R T A P S T E R S Y L K A B A U E K H A
M S I L A R O M M I O D D C D D R A G Z Q
U V A E C M H X K O B A R D O D P P R Z O
F R A C V R R T H M N Y A A A C V Z M Y Y
I Z D N J Z V C O T Z X R I G M A R O L E
K X Q A C S C M U R D N A J N A P T T S
```

Puzzles for Logophiles 3 - Solution

```
J D X D X N I Z E N Y W T R H W S Z P G M
Q Z Y B J G G M L V E F N V R C A S S R D
X J O C D P K H E R I N U J F F I T V N C
E Q Q K R Z G W D L E T I G M P Y O U W I
F Y H C R A T U L P Y N N D D Y S L K M T
U P M E L B I L A S P X S E U O I I Y P S
P T E L G A X N O M H R E I G A O D F O E
B B N I E U K R E I X E L G G A L V J O I
R R Q M M E M X L K X D L D O N T A H H P
Y O E R U B B P N I C G E M E N T T C Y O
A C X Y E Y R A O B F I U X F V T A T L S
H K T U T W U O T R O T U S I M L I A L I
R F C W G I Z D G Q E U O Q Y N E M Z A G
Z A B Z O K W E U L U O N O E Z N A D B Z
E C L S J F Z A J N I H N L R U I N E W H
I E Y J U I I W R E N O I T E D R Y T H M
T D P I A N L F Q Y I M L A O A D A F P
E E E B G P R O F Y I M L D W T R P S M A U A L
O T S B Q Y R A I L I B A R T A O O T A I
P H H B I N D E N W U K Y L P M H E C I R
A N C Z I R O V L S B O U R S O C R A T I
```

Puzzles for Logophiles 4 - Solution

```
O N A F N O I R A U Q T S N B T N E Y F Q
A G Y I O P H O B I A X R U O O Q H G G S
U M G K E S S F K F D E Q S T I D H D I R
V Q M B B A S I L I C A T I D Q O Z U L B
T N O I N R E T A U Q V A A N N L H O B A
D B A L U S T R A D E W J B L N U I P D I
Y H D W B I D I U G N A L N E U F O I I T
E L D A E B J T J M Y E A I Q C D Z Z O A
V T C P J J N A Y X L C J K L M A N R J R
D C H B N V M Y Z P A O A K P L S L U J C
U G O X H U J L U R K B O R N T E K N E A
A P C Z R N U T R C L O S A C D X I U A K
L M U T K F O A A U A H D I F O G P S J X
G Y B I H U B C B G I N B N G N R N R T T
I B U I Q S M F Y Q H B R A Z R A T A T D
C U C E O N I B G N T T A M H Q P S E H K
I C K S S E R P P O N I I O E I K D J M A
D C R O U K Z P C N I M L M T S R I Z I A
E U A P A M R M G U S E S O O F D H H F P
I L M L N R N V G G B R X T D V R R H Y U
W A L T B X A W E T A N N E P I V E R B Y
```

Puzzles for Logophiles 5 - Solution

```
R R Z E T A L O E V L A E R F F C M Q S L
O O G W E A P I V O R O U S L I Y R L A
H U G Z X B J D K J B V Q R G N A O O S B
N M R W A Z O Z Q R Z X H O T D N C Z G R
P W I A V B E L O O Y G H C V B W H C B E
S K M G S U T S T A N R I E A L S E R T V
Y Z G T E T D E N R R N S N P W X A G A I
C G R Z D A E G I O O P P W H I C E L N B
H E I N E O L R I H E P J K H T J L T Y
O L B O R A B H P R W G E M A F B R T I Q
M B B B H S C A A R Y E D L S I Y T P P W
O O E Z E S R T U P I N N U A U Z X T H B
R D R C I D E E M R W P P C D D B I E R Y
P O S P A G L U Z S E M N W H C X F U A A
H S I U L E R C X J T T U B P J K U W S Z
I A Q I T C S N I C K E R S N E E N Z I C
S P V A S D A V J S S E M R E K Y X F S P
M I B V L M A N Y S R A C C E S S I T F Y
D B A D E M P T I O N M S I T E I U Q R Y
I Q F B D I H J B A C C H A N A L B Z G I
B A N T E N G L A N R E T I V E A U N Q A
```

Puzzles for Logophiles 6 - Solution

```
H S U Q Y P O R H T N A C Y L O X D W W B
H U M C H Z W O A N T I B L A S T I C P R
E C O H O P K P Z P Y D E R R I E R E L O
T C T I W E L B J G I V Z Q R Y P J Y C T
E U V F Y L Z Q O G F A O U V P Y F V N A
R B I G S D E L D H P L R A F G C J I E M
A U S R C A O N F E A W P I U R J L T S E
R S H N D T W R J H T W I A A K F I N I T
C I C O T I U V T S I H F F I N W C A O E
H Y R A J I L I Q T N J F F S M H A T S R
Y A B K T J W Y T Q E B K R O H E T F C Z
L O H D E L G G A D E B S O M A N E M I X
C S O M N I N L J J L O H N E C A R Z O R
S T G K A W S A S P E E D T W C S W Q L C
U R G B C X H O I V D H I E H I F A H I H
N A A Q A D E H P R X V K U I D A U E S T
E C S R T O V L P O U H P C T E K L N T U
J E T Q O F M M P D R E B H H N B W I P G
Z A E Q U X B H V R Y E N M E C E P S U M
I N R V R W I J W F E H F A R E Z S M E Y
U L P V A N A S T R O P H E E T Y S T U I
```

Puzzles for Logophiles 7 - Solution

```
M O V D A I N A M O L O D I F X G P V A K
Y Z B A N W Z D K N H M U C T M I B K D E
A P L I A J F L S O S I X B R E W O B I P
T L W N I A I K A Z I S K L Q K D T S A X
S A H A R L M C M A D M V F B S D N N B A
B M S M E B P O A L N U D R Y N O O V A E
O R A O V A L K G B A M Y C L Y S Z M T A
B O W I I R S T R L L S E R Q H K Y Y I E
M N E L V E F Q E R B A W R R U R O H C R
S B Y B A L S F B V L Z B I O B E T V R O
I A E I U L E P A C U D V A L C O R F B D
L S W B Q O R K C D H E Z J T Q R L Y O
A I L Z T F A B M D I U L L J Q A D U N
I B Y R L A I R E S I B P E O E O X C A E
R J A A P O X H E W P M B C C D U I Y T
E J A C R B W W S M V E O N O Y N T R O I
T V J V U R U M K C Q H M U Z P S J X K C
A D O I I L O H E L O H A A B U N T I W S
M Z I K S O I W P M C Z N B F F F N J H B
I W X Q W E C N P H Y L A R C H Y Z S C Q
P U A B O U R G E O I S I F I C A T I O N
```

Puzzles for Logophiles 8 - Solution

```
A N F Z O E E S A P T Y R B P W F S C K S
Z R C O O D Y A W E Z F U H I R U V V G T
O Z O O N O S O L O G Y H A T O C B M W P
O O M H X V H K R J X A G N I A B A B A J
G E Y D O M D L K E B G E U L L Z P J Y Z
E Y R G G E I Y M I R I Q A B O A H M H M
O T E J Z A B E L Y R E C S L T W T O C A
L L F A G I P I Q U S K N O G L C H K R N
O I M I J C M S T B H H G B Q K Y O O A G
G L B B K E H I O S U Y U J A Y I N F G L
Y A C A N C B C I T C E I B A T Q G P G L
D A Y T P A L G S A B Z O A E F I I I U
P Z P M J W E B J F Z A D S P K A S B H M
O L T E V H Y X N E L I W S K K O J T W W
P L S S C S T M V P A D E G A N A P A E L
P X E N U U Z J E P P E L F R U P E K R U
Y N H O D B O N H R Q V H J S H F P D R A
C H A V C Q G O Y L W U F C E X L I Z O V
O B C M M L R Q U Q O E D L G H V R Q B B
C O L V O O M Q Q N M M M J V Y K T K L C
K N A W N S S U B R E D N U L B F S T S W
```

Puzzles for Logophiles 9 - Solution

```
S T K X E U A P A N T O M A N C Y K W   O
E E J Q M N O N C A E N T H V C S Q R L
K X E C N R B K M E C Z H W M W Y A P L
A C V T B B O Y B H Y O F S N A S T H I
E Y J N Q Y I G N B T L O T F D N A F D
B Y X Y E R V N G L H Q O H S O D O U A
Y E H T C T A A H G Z C G R E T L O C
H M G M Y H S E X W I C B L Y S P D E C
X V N A T N N E V E B A B A C U L U S E
E A I D A O F B T S E R O F F A V M P
F S T Q G R F T K L K A I F N V I C L A
Z I U F S I A P R U A Y N N U S I Y E G
B N R C X G P Y C A C L E C I F Y I P V
A O A U A T B O C B B L G I R U R Z A M
D D L C Y V N F E P I O A H D E M Z H S
I A I U Z T P N S E N J G C V R S X C U
N V S W U O T A S E N J D D A F C S E A
A D M M K H E B U R R O L E Z C N H T D
G B E Y O R A A C C I P I T R I N E N Y
E L C S U H I B A N A U S I C S Z W A H
Y W U N S Y T I L A R O M L A B F S D D
```

Puzzles for Logophiles 10 - Solution

```
K M P B B Z C D E L P H I N I N E K C E B
K O V Z D K Z I R F Y Y H O J J F A A M
Q D A V T D F R H J K G U C U W R L I F
N K J V J I U T S Y T H V K T M R E E L B
H Y L O B A T I N E T S T R O Z T E M A Z
E I N R Y B I A K H P U A F O G B B L N
D B B Y O Y D J U Z J Q B W C G T L I A K
Q H O V V I J I G R Z M W S X A D L C U E
S Y N L S Y A I P O T S A G A I A A P N
L L Z A A F S Q J A L I I C I D E M T Q O
L O Q G D R B E V C Z T J N N M C S E W T
Y P M I A M E N T Y O E U O U C G A D N I
H A P O G R A P H K T T E O T C L J O S
P T S N C F G F H A M G T O E I A I S E M
O H O K V O C L Y D R T I G R S L Y F W
H I R E P T N U H U W E U E E U E O R G X
T S M E R T C J M M M S R K F R E H F U Z
N M Z Y I I Z R U I A O T F I V N V W G H
A N L C P H U K S R U N A W A R A W F B C
X X R A Q C T M F S E D T A J F M P T M V
C U G U F V I T A L I S M D S Y C R D U U
```

Puzzles for Logophiles 11 - Solution

```
Z C D A B L J Z S Z T I Q W F O I O P K C
C N P L H M P M W P L S E B S N D Z H N I
R U K B E M Q O V C L S Z E D A F A A A H
H M E O V L A U G S L U V G H A W C L I A
Y J S L A W I Z E N K A T P B G V C L L U
V D T I H N P N Y E B N R A X P H H O A D
K U K T E N H R A S M T S U Q S S M C H V
Z L T H A H R E E M J I Q D N X A B R T A
Q O R A P M T P L F A X L I X N P E A I I
E C O M O I A O A A I U Y A C X A R C T B
T R W L S B M S N N T U Q Y V W T G Y N O
C A P P A I M B T O E I Q A P I C E J A H
I C L I O B N U A H M G O A S F T P L K P
T Y A X N N A I B X E C O N G F A S Y E O
O D I I A H E L M I Y N D I S A G D E L G
N I N A G L L D L R R I K S Z I I C T L
P F E L B F O K L U E N V C M O P H E A
A B G T D W N N I N H T K X J A T K W R G
C X P E L M A B I N T U R O N G A S Z L N
A Z X A I S O P H E N E C Y I Z G Y L L W
A L B I C A N T Y Y D Q E C C R E T W W K
```

Puzzles for Logophiles 12 - Solution

```
P U K H W A P I C U L T U R E K U Z P R B
F H Y P O M A N I A H Q T N G W W O J J T
Z T U Q Y W V F C N U K O F T A E R B X N
T Z Y V L N C K Q A L I E N I L O Q U Y L
N H F Y A B D E R T T Y D B U T P W D Q C
I R H J T A E E A I Y G O L O L E G N A D
C Z E C I R N B H O T O N V G R O F M T R
A P L A W L P H V C G N P A E L R E V O A
F Z O N E L E T K A L A A L X T U L W H C
E U N D R L H J Y Y B E R M I P Y F P Y A
B A C C E N T O R O A O B R A S M E Y P N
R I Z R H N B T D I T I D M A D E T S E A
O V B Y T B F J H C Y E S E M F A F U R O
S Y A L C C F W Z K I O P N M U I I E M I
B I E O I O B D F S Q T L H Z E K S S A O
A T C L F O D F U L K X N C Q T N I V N M
U Z S T A M P O M A N I A I C J X T K I I
H I K T S H H O B L A C K G U A R D U A K
E S G A X T P N L W Y B L Q L Q F X A F C
P I B Y M A A G Q Y G G E G E M H C S S R
```

Puzzles for Logophiles 13 - Solution

```
Y C N A M O T I H P L A F R Q L A X T U Q
J A A Z S C Z G A R R E P T I T I O U S O
M Z H C R B X J N A R J F Z A M M R Q L C
G J E K R C A O E V G O E L P F S Q B A P
C I Z T O O I B E M E A N D E R I U J I P
E S R Z A S A N O B W L Z A N F L N D N X
V N J X U N T M H Y D T M V C D A S T A W
Z G O B S M I O A M V P I B U Y N P R M G
M C A T N U T C U T H F Y A S U O I D O G
O D L A S H O T O I I P W S P O I V O N M
H N H A G M J U U R U C I S S G T Q S R S
K S U H R S I M Q X T A C I L O C U B O I
I G T N Z D A R C O S A G N E W N R B P L
O D X R J Z Q N B W L E L E K P U V K M A
Z X N C F T H I P C T I T T P G F W N X T
W M A X I M X P H C P R B R U B K Y F O A
M M S I L A H P M U I R T M E E G S V H F
H F S T A R R A D I D D L E A C J B K C L
T B A P O D O S I S D E T H E R E I N T O
M M S I L A U T C E L L E T N I O R A W P
A K N Q U I N N A T E M J F T J U T Z R E
```

Puzzles for Logophiles 14 - Solution

```
Z I F S A I D Z K B I B L I O K L E P T P
N K Z R N G T E B U C K A N D W I N G K F
A C Q Y J E R B P F E G N C A Q R Z B B J
M X T C N D E Y S Z Z M E Q X B Q L T L F
S O V H Q X N T P S P O G F T G J X H Y A
E A B L A T I V E N N O S E I N X F G Q T
L N I Z A T P X U L I U O T L W U S I Q V
S B D E Q V Q U U Y M A Q Y E C H A D R B
I K A J I H M S I L A G E R R E S V I O
U B J U Y V A G B W E I N C Z I O A I A M
E Y O N S H I O E K L I A P C K A P F F B
B H W M F O U Y Y P I U Q I X E B T S F A
A C A F F R N P C F E E T M L O E V L Z S
N R S E R E O D B S T P L C M L T O H O T
Z A B E K L G N U E E Y I B R B S H Y O R
E T C X S L V E J R W N A A W U S A B Z Y
J N X P Y D C E T Z I R V C W G R L P T J
Z A I H G R D A L M D U A E Y B I Y A C G
O L M A E S N Y D O S Y J Y F B J B U B X
S C R B W A S A N G L U G U B R I O U S D
W M R F S B V S I S E N E G O I B I N T H
```

Puzzles for Logophiles 15 - Solution

```
P D E T I S I U Q X E J J N I K M R A B V
I S U O I L Y B M O B Z U Y H B B H E O E
Z N I U O G A R A B S O W G O Y K E P N F
S U R W A L F F O C S Q A O G R R G N A R
Q U E S I T I O M A N I A L E O L L D U N
C H S E N I U G N A U B B O C G D V Z G X
I M O S L E S E X V F T A R L E O T L L U
E U L P H S N Q I O V F A A I C J A A S L
E S U E L I N I R T T C B B A I P F I P D
A I T B B I I T R E Y R M A G F W A H B Y
L C E C P H N R U I L T V R G U G C E R
L A A T I L I M E M U L L O C K N N N T A
I S J M G H N S T Z Z A A X J A B O A I U
C T Q H E G S Y B D N Y E B Z S V S R M T
I E T A S K Q D W N P V R J K I S I B E A
E R G E G E I S U G D O O Y I C F C F S T
N O T X I W T L N B R K L G X P I T F N S
T Y X J G J E Y H J V L I T J M B Y I O J
V E R O Z T T G Z G T Q T G F H D I N H F
B M T N E M E D O B C A E V G W F Y A T W
M S E L E T O P A C R Z B N B R L P Z X J
```

Puzzles for Logophiles 16 - Solution

```
I T H D B E Z Q S T M A G R Y P N O T I C
M F N L X Y C N A M O R U E L A V R P Z A
G S M A B B O Z Z O W P R V I E G V O I H
P X I U N L B I A I V B Q L R F F N S H T
Y H S H S O P S Z K I E S D R M E L R S
Z Y U A W A S Y V Z K F E F T A H A E Y P
B A M B G H M B V G A I B A P E F O P G
E A K K O U Q O A J W R L C O N I Y T X W
C A W D Y M I C B H C S D L N C N C N Y V
N C P D P I R Q O A G R E A U O N A I L T
A E B W D N Z D U M O S U L K K O R E O Y
N T J N H X N K S O P J G U F I C R P P
E I A A S E H D D A T A A N I K T O E O H
T M D W C D R M A A Y E S P N N I N H L O
N E X O H C E E R B I Q N S E G D E W I M
U T Z P A O O E U A M G A N M I U X U S A
O E P I U T G U N N N Y I T I T A G X T N
C R F A Q X Z M R E T M C N E A P N N O I
A P P E N D A N T A M I F H X E L L O S A
H M M Q M X H Z T I G T L B A U T L O Y Q
G B Q P I R P O M B L E T C H E R O U S M
```

```
S Y G O L O B I H P M A R W T A O I S S J
W I Y I D O E G X A Y J H E Z B I M C S G
X N C M M C N X R P W O E Q T R X N Z Y A
N R O Q O O F S U E Q A R X T O R A I X Z
H H R I L T V I R M S Q B G T S L P S J A
C W R E T F O T C I N C A A H I E O O Y Q
Z U R K T A Z I S P L A R F T A M D C B U
U E X V A J I E H P W Z Y F Y E M I H T A
L S O F T T A C K C I N D S U I U C O A P
P A S A Q J Z K O R A F W V K Y B T R G H
A A L A M O D E J S R R F R X G T I T G O
J G X E A N O M I E I H B Y W F N C P R B
I G R A D U A L I S M B B A T I N G T A I
J O C E I B N E L N O R E T I U Q B E D A
H A N H S S C C M I E M T M B N Z W B E T
C K H C Y T U D Q D N I Q F F C B G R I S
U G W E W E I E G Y E N C V K Y X N A Z E
M G B R A N K C G R W Y N S E P W M B J T
H K T W I F P S O A E A R H B J S T K A D
A O Q B X M M S I S E P O N T O S O P H Y
V T B I M B L E T O N I S M Y O J H H U I
```

```
F C Z B A T R A Q U O M A N C Y I S Y R C
M W A V I H J I A P E R C U H U K O D C I
K Q Q R H Y L M I I T Y A E H I O N Y H N
V V Y A O U G P B N T H R W V Q C X V I O
I S M P F U C O I G Q D I E D F A Y S L H
P P O E O I S L L D U N I R L P D I P
E E N B E Q U E Z O A M E O B D L K M A Y
N N I W A M B N Q V E Y H C R A N U G R R
E S T L P X N J Y K Y O C N V I Z P C A
C I N Q D O T S E V N I D O H U K A N H B
T V A I S T H M O I D H L E Z S J G R Y P
O E R L B A N G A R Y T A I A K D T J I C
M T R E M O G R A M A L P T E N I B B O B
Y R U A N A P E I R A T I C O M A I J T O
Z P B H Z E N I A R T A U Q Y G K D G W C
B A G A P E O M S I N A T I T X H C G P G
A M Q W J A R P O L I C E O C R A C Y K T
N F G B G C I E S L U G A B E D H N K E Q
P Q U E S F N U D M U S T E L I N E L K
V L K S I F N U D M Y N A N A U C E G E K
M F A X S A A W A I N A M I R O L F P U M
```

```
T A V I S E I D O M A L Q L Q I V N T C
R D F M S I L A N I M O N G W I B N F Y S
I N M E Z S U O R E P I V S Z I A P A V W
T K N P K F T A D P I N E B L H I N E H O
F Y N E T R I R E P O R I L V Q H B H X O
M O R X C I N C F I E T O U G M X S T M P
K S B E B I U T T U T W V J H E T V V L S
C R L Y Z N R A I S Y I H I R V U H A B T
J O O W I N B H L E X E Z O K S G T T L A
J R L A A U O P T U K G C X B V T Z U E K
G Z R L C D B B K T O A K V E Q N B E
O Y O C E Y A S S A P R E R R C S U E T M
D B A D V G X R C Y W C I A L F A Z E J M
W E U K K O E H B Z E G J N J A A I R E K
O W N Q Y H O R Q I J V Y M E Z N K A S Q
T I S O J R E B P U A C E R O U S D C M Z
T Q V T T B H K A I S P E L O R D N A Q T
E G H R R O C T Y B I A M B U L A T O R Y
R G D Q D A B A I N A M O I R O P D H B C
Y R K I B Y C R E M A R G H Q X T Q A H E
U U N C G F M M O T Y C A R C O L E G N A
```

```
A I N A M O P E P O L E M O M A N I A W L
T A R E Q H L Q B A I L I V A T E U Z I D
W E S I H C N A R F F A I Z V T A P V A J
S D O G X I M Y H P O S O C I L E H G M I
R A X Y L A R Y M C Q E Z M T M M A B H L
I T M Y I G H C A K L A R V I R L J S X J
N Z O O A R C H A E O L O G Y L I I M E
K S Y Z M U E X N J K B E O A W G Y W S
O R A S U K C A R A M A K C A U D M O X U
M E G A G Y N N H B T O H E G R A B H N I
A N M H C T U K R J I R K W G G A C Y O T
N I O T G H D G O I R Z V S O E R J I A O
I A D S I Y R A N I U Q W H G I R G N C
A W G P J X F O N Y G O P F J H K A N B R
E D H Y E K I C O E P L S U S D R G B M A
S R F B X I U X R U E O M O V B N E Z G C
I O W N B P J E S D S H T D F D I P W Q Y
Z C A N T H O M A N C Y R R A U S T E R E
K L F H R E T E M O M E N A G F G V R G X
C H E A D V E R S A T I V E S J W H P Q O
R J A X E B M O C N U B K J J A J D N K A
```

Puzzles for Logophiles 21 - Solution

Puzzles for Logophiles 22 - Solution

Puzzles for Logophiles 23 - Solution

Puzzles for Logophiles 24 - Solution

Puzzles for Logophiles 25 - Solution

```
V P I X T D Y C A R C O L E P A C F A W B
D G L M R O R D N O I T A N I M O N G A L
F J A V L E B U F O T E N I N E X N E O Q
N R I R A E P G F O R E C O M E C O N
A O R U D Y D L L M S I H C Y S P O E H T
I T O Y I E Y E I U J I I F P I I T C R
R O T T S Q B N Q S Z I I Q A N C O W E
A C R N P D C U L N M S D X L U B J C A M
I R E O A M W E E R E M E L D D I R V O U
T A V R A N E M O G E L I T N A Z R Z M L
S C D E R R E G A N L A R D M F Y Z E J O
E Y A L J S T H K W E F T S O O N S U R U
B A U I T S M E H L G B I E C N E P S E S
T F S A R H K O E X A E N L Q B C D W T T
H L B O B W R C C M H U V N W L G I N S O
O R P Z O E R Y B T A I N O P A Y A J A O
Q D C E T A T O O P H F T I L K N M L M J
D J M G P O S O H G O I U Y U I U L I R W
T H Z E T H Z R X Q R J A P A I W Z Q A Q
U H I E N I T N E K R A B F D M I J C B E
S Q B P T Y R T A L O L E G N A V G B S Y
```

Puzzles for Logophiles 26 - Solution

```
R A G A M U F F I N B O B V N I X E D T S
O F I V J R F P M A C R O P O D I N E R J
Z E B S Y L A R E T A L L O C I B O Y E N
O M U D A P Z V Q M U I W T V V O T S V A
W S P G N R G U E R D O N M B Z Y S A D L
O D I O U T H T A R A D I D D L E R T A E
Z K A V J K E P M A N O G E N I C R U A C
L K B R N J B X A A I T H I Q E R U R N T
A W I S U O I N O M I R E U Q O B B N N O
H A H O P L A R C H Y D S Y P J N L I E R
Y K M L C I Q G C O M P E E R F I G S C M
B A G R I Z E I S O G A M U A B A C M T A
L A M N P A C U T E I C D I V L L C E N
F P P J M C Y F G S B B N A V I B X L N C
M Z H U F O Q Q O G V A G T O M U Q E T Y
W D S I R S M S E G M N A D I R R A H H J
G C J O P P T O O X I P H O S U R A N Y
L A R B A E T Z S X X E C I D O L L A M S
Q Z I E R V V U K A K E N I N O Y C O R P
M J B E P G M M Y A L E X I P H A R M I C
D B L Y V G S H C A B A C I N A T E D J Z
```

Puzzles for Logophiles 27 - Solution

```
F V G M I B K U V G N T S I U Q O L I B R
Z H N N B X W W A L O G G E R H E A D S X
I V I Y E O M I J N G Y C A R C O L O O F
P P S F S U O I R G A P H R P P M A B E R
A I I W Z O E T L E G S H M V D M A R C
R D C Q D K U P L O L U L L Y D M R R O M
O S X X M N R C R E O E D Y I C L M B T R
H B U C C A L A X E S N E T P U V K A I O
C L F H A K G D C Z J S A P H H E D R R F
I I C O N O M A N I A M E W I N L Y O A I
R F S J I I N I W Q E T I A R T S C P N
T J J L K I S F G N L U R D A N Z I R P I
E B W W C H T P T H B F F S T T B V A A C
P M N A Z B Q A J U I N M C U C I Y C O A
X I R M D U N E Z P I A L S C O C I Y I T
E V E S N K E T I G E K N L I M M P S G J
K C T G E Z Z V C G D X R Q H H U A A Y H
K A T R V Q X E N O B H C T I A T C R G X
T N I D N A G I R R A L M D A E E A L I X
A H B L H O R N S W O G G L E P G Y G G B
X R F R E A I N A M O I G A H Y B C A A B
```

Puzzles for Logophiles 28 - Solution

```
P D A I N A M O T U L B A A A R S Z Q N V
I G I P B O H X L E D A I G F P C H A P N
U T W O Y W W M B A I M E J T Y I B B H Q
Q T A C C N O I S S O O X P H P T R I O J
V E E I S E R H P N T R E Q P D P E O N F
N C B H I C P E A R A L E C V R Y V G O O
O W E M S T L O O G C G L J V A L I E M X
V U S N V B A P L O E L B T Y N G A N A M
R T I A A I I N A K J A H M R A R E N H
N B L R J C I Y H C O D I R C A N Y S I M
D V X Q S H C Q U Y H Z M J Z B A B I A U
M M F K C Y R P H A C A A M D F U K S F E
R B A S I L I C O N K T R U E L A B O N S
O X T G Y O N J Q Q U E V E B I A J I Z T
F L O E Z M F P O K D L J I G R Z L G P F
I S C R L A O V Q S C H F A B K U I P U K
R G T I T N M I U D C E H E E V R D W A J
E S N X M I A E D R P T Q R R I V B F H
A H O I Z A N F N O A T T E W X I Z P V O
S B U K Z T I Q U E P E C C S W P J P A Z U
R E K K V J A S Y H P A R G O H T N A A U
```

Puzzles for Logophiles 29 - Solution

```
G P S S E F M J O B D E C N E L I T S E P
D H K R E B L B I O B R M Z L I M O M V F
G E O Q Q Y R S Q Z A E Y G E L M C F H M
T N R X Z U O Y S L M T S A M B I M T O L
N G N B I M H G L Y H S I O W A N H N U A
I I G T O C R R F U U N Q O M Y O E U N Y
O T M R R N I E M O A R G X C T Y L A D G
P E P A W B O X R M E D U N V O C E J S A
P H L N Y P C O O T I U A M C C A L D T L
A O D T S D V G I O N M J R Q L C E P O L
P R G X I I O L L W R O A U L R E P N O I
V C H R N L A L Z E Y C I D M F E H H T M
W B M A U Q E H R Y L Y N J Q P A V H A
B R R E N D Q T G C M E G S O I K N Y Z U
R I C E B J A J B S D B J F A L A T X R F
V O D H J I S G Y R E W A T Y T L F N Q R
D P Z K D U S E F I Z J U L S H S E S H Y
I N H A K V O G J A L W H I A C C O B I W
J J L N O O R T L O P Y D V L X O W P N C
R A A E F F L U V I U M N W B Y A C X A X
M S F M A Z L I M S I R E T E H P S A U C
```

Puzzles for Logophiles 30 - Solution

```
I N G X Y I F D L S M B Y B Z I N U S G X
A E D T I H O A C O U S I H P Z M R V P K
P R V Y W O Q I P R Y T T U Q N B Y O L Z
O E G S S T S Q D A I M N Y S A I N A O X
L D K S Q Y Z E E N N O Q P P E O U F U H
O W E R H D T R E A Y A O N L U T V E S V
G O Y P N Y O R I R U M A Z N O F B I U
E P L A I V A V A L D V G O E D P I R O R
T E M N I R A S Q R A N B U R L E B I C S
I I S D I B R E I W I B K I A C O O L R V
C P U L B U F N N F Q G S T N U E V E A G
S R Y U B B P O F A V B C U C N R T P C K
C X B R U B R A A E D H W L R L A H Y Y Q
M S Q V B N Y G B E E N M J A D I C T N B
L N L I O S X H I T P P U N F D I M L A M
O N C N H J A S G B J W I M I L I S S E N
N O E G D U G U E R A M Y C E N U E M J T
G H A W P M O O U S O R I V D T B X Q U P
G U U Z K E Q Y S N I D M Q C O N T H Q E
B B C A U B V M D W E Z U U R N D A Q N E
E S F X D L C A S Y V M K N C L Z F P E Y
```

Puzzles for Logophiles 31 - Solution

```
G F S G D B O W L I N E L L Y N B T P O N
R L X A K T U A H Y G T Y S T E P H A N E
S U F G Q E G R E A C F E V Z X J Y V U O
U M B D C M E S H Y V A Q R W U Z N N A T
O M A A Q G W D Q S H T R E U R R H W Q T
E O C C G Y S O H T A B L C I T M H M A E
C X P A R N M B A Q A N G A O I A T U A R
A E S P S A A S E D R J Q Q I T N B S T O
S D I G I C C T P K R N U Y N E N O A A M
S D T T S Q T Y I P A E N V D S H U U N A
Y I T I E T Q I V O R N S N K C O B J A H
B B A B Y M X F N K N I O H N P C H R E K
S R C B C F X E Q U P Z O R N K X Z R P
H I I N A A N Z L S A R H H I A I K E U
I A N V J F K H Y E U B T T B Y F K I C H
W R E R A W X A D D B E Z E L I V T T T X
A E T A N N E P I B Q G Z Z V Z V Y C I G
I A U L S O C I A L I S M Q U T V I H C J
K N I A Z E H F H Z E L A T O R E R H T Y
X D L A R R A M A Z E N I T U E P Y L O T
F S L R V K Q X Q A L V E R O M A N C Y K
```

Puzzles for Logophiles 32 - Solution

```
P U E R U H C U O B M E Z A W J Y W O A U
G O L I G O M A N I A L N C L J G D N I D
U B Q Q W U D V L P B Z T E H R F D N L A
X T W S V I T I Y E Y L H M R Z U A C I C
N E D N E R R A U Q E H E Z C E E X D H R
W Y W P L A E P Y O R N I S H G S S C P O
P B Q J B R O N T O L O G Y I O I G A O L
D O B A B E L D O M O B K H C H O T E L O
O N W M I W A L P A C A P I A N A H W G G
U P W H K U D M O P V M U R N H O C H N I
Q Q D Y T I R E T L A R I H E F E N I A C
B L E N N Y C I R T N E C C E Z V K A G X
Q R T W L Q H X N R O S Q J Q T G P G Z K
Y F E U G A L B E Y A L O Q U A C I O U S
W V H Y V D Q T R Q B A E X R C M G S M Z
J O N Q W I C I V U H Y Q S W W Q S Z F V
S E L T T I K S M A E G A G R U B Z I X N
I R W A D Q U R N T K G S E M O L I N A X
G J D X U O O J L C J N A I T I R I U Q H
R T S V Z I Q O O H P Z R M Y N B W N O X
Q P X B K I P Y H P A R G O L L A R F S Q
```

Puzzles for Logophiles 33 - Solution

```
G Z B D M B I O P I C B Z C U O M C E Q X
C O L D L S R O X I S O G R A D W A T S F
J O E N I C I D R E P I B J Y X M K S C M
F C N J J N C R P V E M T J Y P N P A I A
X C N H Y U L R A T I S B A L E N W I T M
H I O M E I E A Z T S W E E S T E C S O M
T L P D Q W R N F F N C X A F H M I P I Y
D R H V S D K E Y S L U N S R R O R O L D
A Z O Y G G A U Q A S T L E S O N D R B B
E F B R K U F H T A I I T O U U G L O I V
R J I B T E V N B P T F I V X A A L B U
B M A H W Y S A U B M E S B W I A B H Z L
E A I C B R C D Q I C E T P V U C D V
R D P V O R I P T S N F E A N O C N A R A
C L J O C W N M T Z Y H J L I T V I O R
A E Q N V R A C R V O L N U B E A F N U T
K B Y U V U I O F O S D L F K T D M E G S
P M V N Q O P N V M W I G H T A X V Y H R
S S P S T I D N E D Q O F P I Y H F T T N
L H R M C R H U E L W C I N O C R I Z Z D
I W I Z C V G S P H Y T O M A N I A P V K
```

Puzzles for Logophiles 34 - Solution

```
R U E M I T E R O F E B Y T I S O U T S E
I M A L P H O N S I N G P L G Y K J D U G
M Q J O G A T I R M A O P D K R N C K O T
Y F X E O R L A C O U A S M X S O R R C
B R N M J O L J B A R R A T E E N F B E L
M O M U D I G L A E T W T O J J I Y U F S
A W N M V G U K N K M N S C I B M O B I Z
P A K B V A K I M F Z G U X N L V N S S P
Y R T O E T C T F D F U D G E Z F K Z S V
B D K J H L A O X A U Z A B P I I D Y Y P
M S A U A V U T I Y X E V R A N I S H B M
A W G M C N M H U K Y C N A M O R E A C
N H N B G I V E N Q V G N I N R O B A L W
W C O O Y Z Y R M O S H B B I S C A C H A
P D S R E H T I H L U S L C F D I F F J I
N D Y D Z J O O X I O Q I O B R I V P Q B
I J O V C P M L Z T R H F T U Z Q S D H T
Z X B O D H X J E N U Q P Y L M P E A D T
R D E W K H I I D A N N O I L L U C S P S
A L I A B J T N P I A Z P A A A B O E M M
T M S I L A N R E T E Z Y X N J P O D S A
```

Puzzles for Logophiles 35 - Solution

```
A D I B Z X G Y M N A S I A R C H Y U O D
Z V S I I F G B Q T Q A N J P I S E E I Y
Z L H V W E F G O B X D I G T X I Q Z W T
S R C T E S G M H R O S I N E P B E P I D
Q X E N U R I N E O P C T W R Q R M D B A
R L Y Z Q S B G J M Q R N X Y Y U E N C L
P A K Q M U H O C A X I O S G D F T W H P
C M S S Y T A O M I H P C O I T S H Q A E
M D O R F H Z R U A T T X K U A K I Q R S
N I B C S J S Q R T N N Z V M I R N M M T
O R I A I J R S K I Q I O D Z N Z K F E R
I U B I S E L B A S O G A E Y A M S A U I
S L U N E C Y C J U A N R S D M A W D S N
I A M A R B W B G N Y H E Z M A N U E E E
L O P M H I V I A S Q R K G S N I W L G X
L L T O C C J Q V U S O Y T I I F K A F W
A A I R I Z T S P T D S H I N H E Y S E N
A T O P T N A C H H H B O C S J T A I
P W U O N H I Q Y S Y M P B G K T Q E M H
Q I S C A H J Y R D F Q T A A L U A R S G
K M A L B U G I N E O U S W L P W N G X J
```

Puzzles for Logophiles 36 - Solution

```
G J A E W M I C R O S C O P Y M X F R I P
X O G M S W A D Y N A T O N L Z H E A B E
C C O C K A L O R U M X B O N I N G K B C
Z H W J K P Z F B A R D E L Q N Q A A Z O
A U I C A M Y G D A L O I D D B C R M X N
M I L B I F O O I Z K S Q A Y Y M S A F
S E T K K T G F E V U P L R C W I D Q N
I U T B E N N L C O U T Z O L F S E I B
T J G A I D O A M M M E L O R H X I A T I
U B A K G T P O L A J O T U N V O R U U O
L E T I I E R T N L G H J T A Z X C Q N E
O F R C A D L A N Y U P H L F N Z A I C C
S Z F Y A U C B I I Y B I K X F G N Y B O
B U E N B L X I A E Y D I V E R S A A E L
A M A Z I H Y A A I A O U S Z E L T K A O
Y L H T I A Y R G K B Y G O L O Y R B U G
C L I G C V U C O T B H N I P R J R G P Y
B C Q I M X H U V A M Q N R H N B M E C
B M X Z V Z A Y T C Q N P C A G Y H I R Y
B U U G O F T D I P I H S Y T E R U S S A
H N M X K L A U D S A N G U I N A R Y P T
```

Puzzles for Logophiles 37 - Solution

```
H M E C T B A P T I S T E R Y A M X I S B
Z U T Y P D G A K I F J L E Z R Q F G I S
T B I O N O M I C S T Z J D N V R T L G G
S J R W E S O P H O M A N I A I A N E U D
U A K N F U T Z Y N P V O L J M C U B G I
E M Q H F O C A R L Z I H R Y O J I E O H
N S S H R K M D M A S R C F D P W M R G Q
P O N I A M X U N A B E C E D I S M I O H
I D Y M L R R Y K E S A E P M U W G U M S
H B R S H A I A X D U Y L S Q L T K P R H
P N Y I A S N J B I O X T K T W O J Z C E
M P S M M L K I A C I E T I Y O X V X T L
A T X S I O B P F I C R I A G G O F S F I
Q G Y O B A D W H R A Y P I O G P H O N O
M Z K C C E Q W U P D P S A L A Z X A F T
E O E N P R Z P O A N A K N O A Q X V C R
A F X A E E H I G X E D C J I A T U V Z O
T P O P K D R B Q A M D I A L J W J W Q P
Z G S G G N N K D U R K L V B C P B K U E
F H X L P A T U K A E L E N I N O V A P U
J K C Q U Z X A F R M O N Q B M L L E S U
```

Puzzles for Logophiles 38 - Solution

```
G A T Z O N A R I O U S K G B R E A M P E
L C A D I N A R C H Y B X N W N X W D A G
A R E T E P E U L B R A N R E D N U S A D
I O O G E V Z D T R W H H T K P J E K M O
H S L A F T U C N E E A B Z F L A A K I P
T C O X L M I J I S E D O K B L C N T A E
A O T U G H D H O T G U W X A G K I M C G
P P R Y Z K V F R M K R E U Z D S S R V D
O I O O C S E Y A P X P R Y B T T O O B O
Z C P G N N R X H B I D Y G H D A T F A H
A D Y W I M O R O S E C A D E T F H I L A
M L M T M S T M C C P R C T S B F E N Z P
S E A J W D O U S N E A Y D S Z N N E A P
S N I E O R Y C Y T U D L S Q I Z I D R R
A Z I Z Y P H U S I O A T E U V Z C A I O
J M S O G E K A O L C I V G I I K X E N M
Q S H M M W V K G I S K M J T G Y M V E P
V B Y I F E R O R K P I A J A L O Q K F T
F Z N C H F R E K Q M K E E A E D E W F P
U G I C R T U O J T I G Z N H W C C M I M
W F E D R Q T K R A U E L U C L A M I N A
```

Puzzles for Logophiles 39 - Solution

```
K E V I T A N A S M B A X H D B Z K J J L
F Y Z A Q M H W B B O M R O F I U G N A O
V Z S Y A N T R A C M Q N T K D E C D H R
V A O Z L I A A A P O S I T I A N H R B E
O Y R U O C M N Q N J H A P I C A L I T D
C H U M T Q T A I S M Q E U R O F B T Q L
J S I E U E P P B Y N O O S Z D O E F U O
K M A A P R U H D U V O Z W S L R P E A F
Y T C M H U E O A J I L M U O A P T W L N
E Y U K A W W R M S Y M I M J A K E S L T
S R J B M P P A S T V Q E Y O W Y P U W S
C T W R S A J A E N V T R N J C N W D H E
H A H A N L W A L U E K F Y I Q Q F C E G
I I E C O C B W Z R R T R L C L U Y Q R A
L O R H E R F K S O O Z C L N N E A C E M
U Z E Y G E Q G U D O F Y U L X L M U E L
N I F O I T F O H U S B C L L O A O A
A R O L D F B U I N M Q O F U C G Y F C L
G G R O A A S M D G S Y Z P Z R P Z C P M
S A E G B U P D A J B L M X H F S I T A V
N Y F Y U C V D B Z N A U K L Y Y U E N K
```

Puzzles for Logophiles 40 - Solution

```
H P O V W S W E L L A W A Y F E C E P J I
S G D E E C I F E N E B A C D W S M C Q O
E T A L U T S O P X E L J W C D A Z T E G
W B G Y Y Z W I P C E Y A U A G I U D E K
Z A B O L Q J P C C E W Q C N U G E W W Y
F E T Y R E M O O L B Q O I O A Y X A R A
L Q B C R A Z S X S R T F G L E C Q B F E
Z U Y R H X T D B Y W Y C L A Z M P T O G
C E S C I F G L V B E X W I X M N E H R I
L R M X A N U S R Y E E T A D Q U X T M L
K Q J X U R E L B J A R O N E I T J I O
R U F V P C X G S M A M A S D N M U C P
M E B T D A K O A D F O G L J F B E G A S
L D Y U F L M N E K F O A G A J S W B T O
O L L A R I M M A T E R I A L I S M O O Q
F E I R U B T O B H S A R B B Z O Z B N E
H C T A H K C I U Q M T Z H B M G Q D C I
F W L T B W I A D A M I T I S M E I N K V
C Z V W T I E T I R O H C N A A N I N X H
S G Y N A E C O M A N I A F F I U Q F G Y
```

Puzzles for Logophiles 41 - Solution

```
Z W E S I C R I A L C E Y H F B E N M J Y
I M D Q S N I S C O T A Z G M V C Y T Z T
G I S O T A C H R A B B C S A K N A N Q W
S T L W G B I Y G A C B I N E E B E U D
V A J J O L P Y R O F S A L L E I I Y
I T P A A K Z O M Y P P A N K P U S R E I
U T K G J C U M H I N S E T Z P P S E T Q
U U F S S C E Z L E P R T H J A A I P A W
J G X Y H N E O A C B E H A A E R V A T N
D Z A E D W S T J H N I R N X V C E C I U
B B R U X I S M T T Q Z I A X O B L A O M
R M J T A K W N E E G N O T W L X D N N A
O H Y I N D E R R H K I S I S I B U N T N
D U F C T R V G K O A R C S U N Y E O T A
E W A Z E N L Z E Y R R O M N C M P N A T
Q F D F L K C V V B O L P T D G Q U A G A
U A F W O I I V F H I H E I R W F Y R X R
I A N S Q M P B U H B L D I I N N D C C M
N L G F U W I X P W Q O I S E L V N H K S
V A G J Y N D B K G E Y F F S Z N B Y I C
V M B H W N A O N O I T A T C U R E B Z F
```

Puzzles for Logophiles 42 - Solution

```
W A B Q X Z Z B R E V I P E D E N O R P J
R C E O P Q U A G S W A G L R C H A G H B
W T A D K Y P E Q Y V S Z I P A P N G T L
C I T J G D M K A U S U I C D H C S N W E
C N U G E H O T E P U C K S E H M B A O N
U O S Z D T S G L O Y I S P R D X P Q N
Z G G O J K W A A U V S I R W E W C T L O
O R P A C U E A R F B S Y P T I L R F G I
D A Z A B Y Z X O E K I G A N E I A A L D
C P B J Y L M T B T X G G A X A M I N I O
F H R B P D A G M A E C W Q L Q T O G A X
W A L N U Y F R C R V W K I K L D O I U I
X N M R W T R V N G R E S J A C I A U B O
O O Z I W K T V Y E K M D N T O D V C G X
B F T H L S V E P U Y K G J J D U C A C Z
D R H M C I W N R H G S L H M X D M Q N D
N H H Z R W C A E Y T T C A L A Z F G Y T
M U R X M H A V S R G A I N A M O R D N A
J V L M K V S V O H Q Q U I C K L I M E D
M F K O Q I L M Z L M T O O C I D N A B P
I Y G O L O T A M O R B V A F Z Y W U L T
```

Puzzles for Logophiles 43 - Solution

```
Y D E S S R J A L R X V F B P W U U V X G
A E N W O E L J H E X C R K N P P C M I P
L U D U A U B I W T U R I T M O R R O W E
L H R U P P U O I T Z E A D K H K E A I N
E Y C W T O A O L I Y H L O N E T P Z R I
C K B E L I K E U N T F Y T A H A E V C
I I D G H O S A E Q E I E M C N L H F B I
T D T Q E V Z L K G E H T I O O C S A F M
E O S S O D M B A I W T R L D U M S I O R
R L I K D J N A F S T P O W Z J C S J Y O
C O L F X D B N R B A G B I T U X P W Z F
F G O E L O U D I F Y D V N L Y U H N O Y
M Y C C R W T O B G L P A E D E A Z U P G
B F I N F L V B B S I T M I A H K R K A N
G A N A Z P P A L Z U Y O N L G S Y C U V
D S M T W H I S E J K N A B M C M H I V A
E U A T Y W I T D W O P R K O E E N Y X X
E Q N I Q D L A M C Y Y K R N N S G A P L
X N E U N K O W N U W B E C E S I Z M L J
M Q W Q O G Q A H W L O W A R M Z N G Z P
O P C L I K Q F W K V S I S A R H P C E P
```

Puzzles for Logophiles 44 - Solution

```
B C J I B I C A P I T A T E G R G L F U P
L Z S O R A L U C I C A Y C J B I E O I B
C A A U L J P B A R O G R A P H I B A X J
X I N S U B R O B D I N G N A G I A N O
D N N E E S Z L G A H I J T D M S G T A
I Y V N R N Y T Y C Z M Z G L E X U O T Y
S C A T R U T B O E O O G H A I A L O J M
R R P D I I H R O J I I C P G L I A C U R
A E N T B W L B E I T S I L U S T T I Q N
I D R Z O R M A S V I M I S J W A E N Y L
S N O W H E R B I T L C U M P B B K H R S
E A E K P T Z O H X E M V K D Q B C C J U
E M K A O F S Q U E A N T U C U R X E R O
Q A O P H A J Q R A D C V E A E K T I L
M L M V C I T B O F I E A B M L G Z O F Y
S A S A A W O N F X N P B A T L B X M T T
R S A B R A G I X T J K H V W Y H M Y J C
O O E B T I N K C Y I D A B U A U H Z A
V S S A A E V X O P D D J Q N I W E E D D
V N T B B S Q U A R S O N O C R A C Y A A
```

Puzzles for Logophiles 45 - Solution

```
J D W H N M Y H P A R G O N P A K Z G H E
D D O P P T N Y G Y G O L O M E N A X V U
B C I T C A L A G I T N A X I W N E L W H
R R I K A F R E W G S U P I X O Y M G U D
Q P A H Y A M G T Y I S Y P N L Y E N B A
U A W D R C B W O S B A A N Q A V U O S C
I L I S Y H P A B S A M A H H I M U Z A M
B N A S D S K W X I E E O T P I O B N S
B O I F P Q E C A G O G O N L L T V L O I
L R K D T O S I N D R P E K L O P B R S C
E T E C H E N R S D I V M O O A M B R Y I
R A R T I E R A Q M D O T U A Z F Z S C N
A L W E A R C S Y A D T R A B W Q S L N A
E A K O T R E I H C E E A Y F W P X Z A G
Y B W P V S E V M A A T Q A K F U L N M R
W O H N J N A C A A F X T P F N R R P O O
T L R Z Z Q T I A M A T A H M J A A A R C
C T H G U A N F N Z U F D J Z J X M Y U U
A D R Z V I K N O I S R O T U C A J T L J
B Z E M I R A H J T P E E J G P J N Y I X
B F H C L I N S E Y W O O L S E Y D I A B
```

Puzzles for Logophiles 46 - Solution

```
U D Q E G A D R A V A B C T O C U C W G X
V F H Z M Y T K A S E R E T N U A N A N C
Q B O T U I T G A M N R Y E H D U P O C S
E I A M I W X E I Y A A N V O E H R R L D
A D U G A N Y M R Q Y Z N A X T U O H D Q
O D A S O T E Y O N L Z O B A A U F B Q A
V E L V I N T Z C J A M V L I R H O S M L
E R S L N V I H A C I A R A B E K U P O S
V Y A N C E U S C D R T R T O S D N O G B
I U A W U J X O T S Q A E O H N R D U I M
Q B I Y I A L S D I X Z V R P A X G R O O
E Q G Z I L V O X L C Z A F O E R E H W L
L N R Y M O E Y X V E S H D R A T M H R L
K U E U H R A E N A E C M B C T T Z J F Y
Q K T S B T R W E S C A N R A K R M U M C
Q B T R J J R T G I R M V E L X E Q A R O
U C E W K A N A N U O J X I T D O K S S D
I W Q T L F K I W K F N D X I E H S P E D
E R L D Q U O L L S F F D L W G P E Z F L
T N E D U P M I R H A H O T U D S P Y U E
L R V K K M Q W C V W B O D O P I A A F O
```

Puzzles for Logophiles 47 - Solution

```
Z I D M I P B U R S I F O R M I O O Y C R
I J M S L Y B D N A N L Z K I Z A H F F D
E R G I O R H O L F R Y D D A B X B B T A
E N J L L R T R Y X A Z R B S Z A Z H R N
B E U L L H V A C Z X I T C G M M I A R A
K R J E Y U Z V W E O D O N G C O M N R C
S U C D G L M E R L I N Z Y I V B N D A O
F K Y B A I I M C A C L C P N U S T N A L
F W X E G N G I D E O U O K S E E S T G U
U A W X C E Y O R Z L O H C J N A B O U T
C N A P Y N X U Y O B F A L R T E T A H
I I Q C H Y A F T A C D W U E S B N N R O
T M A A O H R P E E I B S U C B E U D N
S A R E G R T C T J L B V O F R O F E I E
I L E P Y O O R M R U W A O U N A R E D
F I W Y T J R L M A B R M L P Q C E N I
S N R W M R V O A U T C R A L Y T H T C
K M K Q N G V V B G N D J U A E J I T E I
R K C N J X P N O M Y I V P U B H V C Y V
V L Y T I N R E T I V E A X F F E E K Q O
I X V J E E Q P E N I C Y B M O B U W M B
```

Puzzles for Logophiles 48 - Solution

```
U M B J J C O Z F W A V S F U V C Q A M B
F L Z R C L R V T S Q G X R Q S F C S H O
H R A B S C I S S I O N M L C R P I M F F
A U A D H O C R A C Y U Q I H P N H S W Z
Y V I N L T T C D C D P D I N O I K W U X
C I S E I X M V V Y E E N D I A P G T X A
U C U M B V W U X R I P Z T R Y T N C I A
M M O A C C O Y V J R M C Y M A O E R R
P L U U D Y Z A G B Q A P E H W L R R M R
M A D B O T D G U O R E K F G P N L C A M
S E I F O E I C V E L T S A B A R H O B O
I D B G O S C C T L U F T S I W D U C B O
L E H U Z I U N L O M O J P E Q G O F F N
A M P I N U I N K O J O H F X L R I Z U C
T O K A Z N T R D O U B K N A Y Q E S G A
I S V I T T A O F W Y T D T C R R R X S L
P Y E O U K A M P E L I D I O U S F W C F
A T M Y M M Z I W R K T N E M A G U N B A
C O Y C A R C O T N E G R A F A B X Z F K
E Q O N P S F M S I N O I S U L L I I D I
S V I S A G E P W I M P E R I O U S U Z X
```

Puzzles for Logophiles 49 - Solution

NACULETNA · EPOCOP · AAINAMOLUOBA · MSIVITCEJBO · HAEL · SLINGG · DEROHPOREAHOIR · FROREM · RAGELARI · MROFILLUBAS

Puzzles for Logophiles 50 - Solution

NAIRADECEBAU · EDANONNAC · ETALLUB · ELOBATEMITNA · GONZO · BUMPER · SAXARBA · COMPERA · BESTIOCRACY · ALLEMANDE

Puzzles for Logophiles 51 - Solution

NOIROBMIRB · BAGGING · AGONISTIC · KNIWDOOH · QUINIMETRY · PAEDOCRACY · YHCRATACEH · LEOPONNOA · DATAYCYT · ANTHOMANIAC · ELORACRAB · LAITABBA

Puzzles for Logophiles 52 - Solution

IMSIGRENOM · ANABREUVOIR · MKARAYEC · FALDERALMRE · LIATGNAB · ASSAYA · NICE · DEDACORB

Puzzles for Logophiles 53 - Solution

```
O Z R P K H L B B   R A T I O N A L I S M F
X A X V A Q R N L U L I   A I H P A R G A K
E F X   A S A I T A M I L A G   D   Y A V V
E   R E T S A T I N I T A L   C S W A I N P
H A V P K   Y H R J   A M Y L O I D   N A L
T R N J H D   J M G E H T O P A   N F G D Z
I A K T N V   X A N T H O M E T E R O J U Q
R R N E E L   J M K A Y M Q A   U R R B Y
P   S R L P B H   H G E W X V S S F C W O
S X T E B U O F M S Z   R   L M M E B W P
N O T H B D V N J U   G B E G O P N X T W
R L E P E Y P M E P   E     H N V D A G L
H E N O B A Z Y R E E L E R R U B P J A U
L D N S L W U A A R H G L I M U A V N E Z
F I I O U M O D F Z R Y   X G W I X N O
F C U N B H D U E L M A B Y O X M L S I U
T I Q O B U   M U N V X G R E G E R   D Q
T M P M E J K H A O R M E Q F G G S F R W
J A W E R O C W L U A L P H E N I C B A W
W F T D E D D M A S S   X L S K R F F P T
X I K T D O Z M U T V P K I C K S H A W Q
```

Puzzles for Logophiles 54 - Solution

```
P P S Y F V T O G   A I N A M O R E T S Y H
A G B M P B U X O J   B O K Z B C R   I A F G
M V W   H I U J E V W A S G K A N E S Y K M
S A P U C P F J K M L Z C L O R S R H Z E
L X P M A S E G A B M A U I W W P J P M S
Z Z E A R E I A I M R Z B F N S L E A S S
P M V N O N A S B U D Q R T W D E R R I I
F B I I O J O Y O R O O W H Z T N I G C A
I R S S N T C P H N E A O S M Q D F O I N
S A L M A F R M N K G T B Z J O E E R T I
N T U C O H F P Q N U O A O Y I N L C N S
E T P W A R I E T I N E R S W J T A A A M
S I E Y C A R C O P R O C A C E H B Y M E
S C R E T A N I B X O S Y B H R N N O T
R E A B X L L M P T J R G U E B E X E R C
Y E L L I U G I A F B O V P F W S V D C K
K H G J Z Y K N T P L X T A L V A B O F I
Z M S I H P R O M O P O R H T N A U L F C
J D H B H U Z A R G M S I R O H T N A P T
P P F Q Q C B E A S H E N A N I G A N S B
I D F N S M A M A U E C O N O M A C Y W K
```

Puzzles for Logophiles 55 - Solution

```
F V R K   A C C E N D D N A L R E T R A U Q
O C S F   E L T R I K B V J M P V R D V A I
O O E E C I E   C I A P O R T O P A Y C K F
F M X P J G F V   L A D D I T I T I O U S M
A Y T J Z A E N O H   B I O C E N O S I S P
R R Z F J L E N X W O A F A I Y H V U D Y
A I C F E A A S A B M N T K C W O K Z A I
W A V B R R A R U I F C U O S C D D F D Z
U R A Y A D F E A O C U F G L P I R S H M
S C E B S K M I R H I S D C J O A S T P D
S H A K B U T V Y O C C I D N P G I M J C
U Y L Z P I O I S G O A H Y U D Y H U W
O Z M U J C F M B Q H R S D P D D S U M S
N R U C E I B A I Z M C A I O M U A D J A
O E Q T J I F   R N C S K P A B A D P D S
T H N F X H F O V I A P J Y H F Q J D O P
O U V I Z I C U E B O N G T S Y R E K Y R
N X D Z N Y N R S P T U G I G I L R I H W
I D S B A O I P O W L I S A Z Q B L I S D
B T N E I N E V E T N A S Q M D W A S L G
W X F H H U L L O I K Y E E R U M Y O M U
```

Puzzles for Logophiles 56 - Solution

```
Z G O B E M O U C H E X O G H G Y O Y T F
E Y L G R Q V D K Y   A K S T R U M P E T X
M E L A N C H O L Y B N O S J J F D V W J
V X N R T S I Z G I L   Y T K T B O O Y L N
W T A E N A B B L J J A A R T O S Z H I D
X U A P R O Y W P R W A S G O V A U C I B
B A L P L A D O P A M P Q R U R E Q X N F
L E L L Z U K S S E L T S I U J S L B C T
M R E B Y X G T I G R I N E N B M E F G O
S E M T B Z M Q A N S U O L U C I N U C S
I D A A H E L J C I S N E G R U B Y A R U
T R I T W O L I C N Y I I Z Y R Z I L A O
A O N S V J V L W I T C I N O I Y A I T H
M B E O Q Y E L I F T M L I E R M M R T
O X G R U S M W W N S R H I L Z J P E E N
S Z U E W C Y O U T G C A S E I K F N S A
R L U A K A X C Z I O A N U M N W G T P C
R J C Z B A W B Q S Z A M O Q T L B U A A
B J H B J I D T I N R J D J M D H T F S C
K N Y Y N A V A N B O W F S A I X D Y S A
Z K O O L Y D R A G Y H P A R G O R E X J
```

Puzzles for Logophiles 57 - Solution

Puzzles for Logophiles 58 - Solution

Puzzles for Logophiles 59 - Solution

Puzzles for Logophiles 60 - Solution

Puzzles for Logophiles 61 - Solution

Puzzles for Logophiles 62 - Solution

Puzzles for Logophiles 63 - Solution

Puzzles for Logophiles 64 - Solution

Puzzles for Logophiles 65 - Solution

```
M Z P I E D A T O L I P A C U I Z S B F N
L F E T A G U J I B B N O T I B R A B G Z
Z T Y W Y I G L A I T N E G I B S L I O M
M C W I S U V W B N V P Y E C Z H C Z
E D I F W H Z I T A A N Y R S X A F G C Y
Z E K H F T L J O Y O O P E P T B Z R
G L X N P H U C D D N T L I G L E F I U O
N P Q C O R A F R P P U S S V C G W X X T
Q H A U I T O U S M N U U B R N R C G G A
D I T E O M O M E N O P I C I U A N A I T
M N R T Y B O R A I A G M S R B C D C A R
A E E A F F E C T N G E P A U E G N X O
C P Q Q Z P N I O I A F N T V S S N D E H
A U A U V I G F N H V O E P I U E D I T
R V U J F A X L B T P B O O L K Y B D T
O B V V L H M V O V H N T J A U N D W I N
N Y Z F O P P S O F A A T P U S B E C A
I K I F F N K E B P P R E X A C U J F C R
L J U Q Y E A I C I I D S I Q P X I U A E
T K P H T L A X U L T R E M O L I S T Q T
V P R V V D R D D M S I Y R T N E P C J I
```

Puzzles for Logophiles 66 - Solution

```
Y G O L O E N L A B R O A D C L O T H T B
P L B R R X D L J F B E Z E S T E E N K V
Z E S O P E R S I A V A S N P X Y R B E F
J U M F J V I Z H N D I F P B S M S K T Q
M A G U K J G B O A M A L L A T I V E A I
S X V O R I C L R G G I G N U Z Y M D R M
I A A G H Y Q I O Z G T U U A H A J E O
M H Q S L A T U Y G O I I C L M C W Y N R
I B L Y C E X A Q Y L L C B T J R Q F E D
S F K L E W P R O Z A E A R I A L F V S
S A O S M I T E G A L P I R B U N H B G O
E I R Q Q V H I V B B B H A A L O T O F O
P N S J J E S W C B E Q O E U X M I M E T
B A O C K M F R Y I R A D U I E L B W H
U M O B L I S Q F R S I T D D X D O O R L
X O T L J G W I T Y O M B S A G R I S Y Y
C R H W S V G Q U B W S Y D T X V B I C R
Z C I T S I E P A G A S D M A E M I T U U
F E T D K H P M U L P U H Q G O R R Y I U
Q N H T O O S H Y H C R A D A R T E T E X
G S W R Y W R U Q E K P T H O Z Q X H V F
```

Puzzles for Logophiles 67 - Solution

```
A A D H L U E U G I R B V Z Z M H S C D R
O G C K O Z S A M P L I A T I V E N G D B
A L O T H M Z O O M O R P H I C A M A J E
A Z S N P S A I O L I U E X D N S P B I S
Q M E V I I X V R E O Z N A A I P R D O Y
D E O N X C Y E C U D E R G C E K A Z C Q
E L A K V I Z D P B P B R I L S G H A T K
D O J R L R P Z C N I A M L U G R R A Q
N R B I J O L S I E P E A O R B C E I N F
U A M I E T A Y S H D T L A O O L H H R S
O M S B C S I B Y A I O N L E W P Y Y S G
F A I Y I I N M C O C D T H D A A I V U U
B G E A T H O A N A I H T T N N P B H C B
M I H C E L V E Q Z E I A H Z O O P Z E
U R T P C X E R E A R O C P I U S U O R H
D R N I A G R Z D T U R Z P P G T T L A V
G U A G P P P G U N O E G W J E R A L C A
I Z P W O M F E H O I U P V O D A Z X
S N J A C A E S T I V A L C P W P E R S G
Q H B S D Q A Q T I M S U O A S H I D N P
G R J H A O H I L Z U R X Z K H E N C E N
```

Puzzles for Logophiles 68 - Solution

```
D Y G G T C V Y T A V E G N Y A H N M K U
O J O O D I G K M C A D Z B N D I A P V U
N X B F N W K M W E G B F I O S T N D I N
N K Z I S G E J N T F U C L I B E J J C
Y Y R P N L O P J N Y O C Y P A H A J O I
B C F Y A D O O A N N G R S B Y B B B Y M
R I D N I M L I Z I I A O T E A W S A H O
O U A I O T P E C L W R C L N E B I N T C
O E S R R A N B W B E B C C O S W H J I E
K N B L A N I M U G E O R P O R K P U W S
N I D G F J K K X Y G A J K S O G M L E R
W D C H S U R R E D R A Y R U H Z A E R E
P N V G Z Y I D J U U J B A O N L D L E C
H A H G T R F B K F K M L T R O E Z E H A
P G K A U S M I F N U A I N D R G G Z W F
S I J C L R R W G W R V G A N I A O J Y B
X R E B K P A Q D L R S R C O W L U M I D
H B W E N A M R E T E P F R W K I F L P I
V K W E F C H A I N E D A P S Z S Y M T Y
R E W T I Y H C R A C E D N E H R M W R M Q
X P K J Q Y N E M R E D O H T N A X C Q X
```

Puzzles for Logophiles 69 - Solution

```
J M H R B R O N T O M A N C Y P F M V U Q
D J M E N A F W E A E N I H R R A T A C Y
I T E O N X M R L C A D U S C Z B C M P S
Z F S M A Q Q J O T J C N P A P E Y Q S O
Z F V I A B W R H I E J I U G O U N F I N
G U A C M N S N T N U C D D N J F I X L G
O N P X A G E V I T D N D A R V H W O O
Z S R E R B L A X S T S C A I E B I D S I
S O V T O K T A T M A L I Z L G M L Y O B
U T U A L U Z Y C Q B I N O H B X I B P U
O P F L E I R R W B W P O P N O W S A H E
R U Y U G L B X E C E S H T O U K M Z Y N
E M B C X H F D Z G E H P I A C I U N E I
F C H I P Y L M A M I O O M T J R U M A L
I E I T A E C E T L D R I E G F P P U L
D T K N M E S R K C E Z C S Q R L O Z I I
N G C E I O B Y W J Y X A M U Q S B F C G
U V A D B L M D K M R L C Y M T U K U U N
R S R I A S C B Q X R N R F I V G E C Z I
A Y B B L T D A V M A Q E L M M J R Z X R
K W T X B Z O G D Z M P L A S G B U V V F
```

Puzzles for Logophiles 70 - Solution

```
W E M H E Q E Q L C S C A N T L I N G N I
H S E X H D K F K R T A L L O C A T U R T
H Y A I X J K N E L O J M S I N I U Q O S
R B O M X P A U N R O C I B V D U T R A O
O K C F B V R Z B O O G B Y D M M O I H L
G R M P E A M U J Y L R A N O M R L K V U
E A N F A V H U A O R A M E Y E Z X K W
K I D E Z L V M C L H Y Z A T M D A E N
T L M G R X L E K I R V I L T U I K N T F
M I S E M Y G E N E W N E E I O J X T D M
S H L A K D N G T A G B B D R A Z L H R R
I P E G F L J F H A C P O B L V I R O E O
L O D T N K A A I C W P E L H N S J C T F
A S U G V S D T J T O Z A K E K L B A S I
I Y L N J W E K E R Q N O L L I B I R A H
T D A F O B H N C J T A S Q I Z R W P M C
A O N H E D E A K I A T Q K M P K Q O F N
P P Q M Z B P P A P K S M E E S E M U F A
S A A U M P Z S G L A C I A T E O C S A R
M S I E H T I B A L U M A L A R K E Y C B
B F I W G S M E S O L U C I T E R V W S D
```

Puzzles for Logophiles 71 - Solution

```
G N V L V M D Y R E R U T N E V D A R E P
X P K Q S E H Z Q A K L I S A F H V K G H
Z Q Y I A F L O G I C A S T E R V T A D I
Z E N H U Z A J O T W M Y C G I M L U U C
C M T A Y D B W M S T O G U H W L L B R E
O E J P I U W X T F K W O F W A Z Q N A Z
F V N P P W U A U U Z E L A N A B Y S S O
O V O O N M O B Q U F L O T N M F C Z W O
A T V R B B Y D D O N G N Q M C Y A U R D
M Y N T L E W P A R W N E I A R I M K A Y
A F X E A U U D T A B A D M P E B B I F N
T N E B C B T N I R E D A M H L R R T V A
H O R U K A M N S E T N E E E A A E M N M
O H O B M A J A I L W A H D R I G S N I I
P P T O A X S D R I I F J I E C U I R U C
H I H N S O P J A T X K T C S C E N A Q S
O T E A T K J W O C T D H A I A T E H A G
B N R L E O L Q X A J K G B S R T A C D L
I A M G R Z C B G Z E A U L K B E R A L C
A I I K E A G R N T M A E X Y Y O M A A
Q J C A O R F A Y A L E L V E H T I V B T
```

Puzzles for Logophiles 72 - Solution

```
L K P Q I Z V G L I K E E N O U G H X I D
Z N C R C K C C H A T B D L R I C R Y V Q
O N C V L K F W I K B E Y S I B R M W A Z
L A A N A U D I A R G T F T X E E O O N Y
Z M F C D E X E A R C E H M I S K G T Y H
Q S D M L B U T E I C U A A E Y E Q A R C
Y D B L M O Z E N S B L M G N J D L G S R
R A S O Q D K B X E T O O J O E E Q Q T A
A E I J E A J K L R U T H W A U A E A H R
C B D X Z C X A I A H Q A P I C B H D I T
E S C E U H K C B E D T O Y A K E I W E A
H B P L W E I Y I I C I U L B R O N H R I
T E P T M A R S X H J O D F I T O A T O F
O L F E L M M P W B L O W A N S S G S M D
P O Z N O G S O F A U N U A X F E A A V
A I B T U P R E V E L L X S E J L U N G
V D T T W D T A Y R X L S G D J V A B I F
S O K M P O D I W O A U D E X Q J A A A O
B N S A V E U A I F D A E H E R U G I F O
V O L Y R Y L X S O F Y T L A C I C N U D
B T Z O M M S M D S I S O H P M O G A J T
```

Puzzles for Logophiles 73 - Solution

Puzzles for Logophiles 74 - Solution

Puzzles for Logophiles 75 - Solution

Puzzles for Logophiles 76 - Solution

Puzzles for Logophiles 77 - Solution

```
U E W F H U I M O N Y H P A R G O I G N A
F P K G Q T S J S C T B X Y H P A R G L A
L S V S S N C L G I A S D T K Y L F J U M
U Y F R X A H U F B T R I N D Q O L V X S
V N P V I G U E N A W I B W A B R A I D P
X T K I S A R R K R I Y U U O S Z A T W
X O T F A M E O I R C J G T N B S K L O R
K M W Y T R T D I E X E S O R C K B T H L
F Y S Q I E I E E X J H C H L O L M I O V
C C Y T S T C L T G T G A V O F E L R A
M L E W I G M T A Z A C W H S N C H O S N
E F A N H A W T I M L J T E A B N A Q E I
U U J U Y X W A V J B C A X Q W M B U C M
O J S U T D G B E N A Y N S H I X A E O I
B A T U T I O X R P T F G H K G T N P S
G Q W V C M T N B V A L I J G M E I C E M
Y W P Z A H M I A O B B Y G G X S E R O
G O C F D E I Y O O I D L A I S P O N A W
F U X P N A K A N U Z S E P W H M X U N I
O M C Y B F L S N W S S U O N I M O D B A
F G I L J T W H I L O M W L B O N H B W
```

Puzzles for Logophiles 78 - Solution

```
H G P S Y M V R T P Z P F U M H L R S S R
J G W Q Q Q E C O F B J W F H L O J K I I
E W B I M D U R E A B R O D E R I E J A D
L P Y T V R T L I R I P E J O R I S M L S
A U R D I I V L B R O G A N U S W N C O D
R P E B O I M R E V T F O S Z N T X E Q O
A I N N G E S U H H A J O W U G K N T U O
H G O A N C K C J Q K P I T G I A Y Z E G
P Y O T M F N K O M X E H V E F M Q Z N E
E Q B N W P U E L B A I E O R I U C T T
L C A S F U A S L A M C J D M T E R S F I
B I B A L I O H C S U K B Y R I H H K I H
P S I I G B P K C H O L C R S A A I C T W
I P A H T O U Q A W T A M S U J P Z E I O
A O U V F V M W H N J N C I L F M O D O F
K N G I R X B P O U O A A S O K G N R N Q
T C M W K R M K L N W B R B A I D E C A
H I Q D Q H H S C X L G I W A B N J T I R
C N A D E N A L G I A A C S Z M G R F T V
P E Z S M E I R N R M A S Z E Q A A A Q I
U F A L C O N I N E K X H Y Q X J J S B W
```

Puzzles for Logophiles 79 - Solution

```
F O X L T A I N A M A K L O P V A N N I W
A K I S R Z J A Y N N A N E T O O H Y R P
D I A B I Q E O N R J H P M U D C T A A U
V L B A C L A T C T Y U L O J H B S N X Y
E K O T O V X K A Y I G T D I A R O A K Q
R C U H A V H N T L L T I I L N M C I H
S A T M S A Z E O M I R O B A O S D R N S
A B S I T I P D O Z E R E G S A I I U E I
R K L S E N A A D V O N R W A J S M S Z W
I O E M R O L L L T A O I I R A A I Q E
A O D F Q E Z A E H L V R A B U I G S I R
B R G D P M S V I G D E Z I D A R T E A H
E C E I Q K P C E A I L Y N U M A F H X S
G Y N D C K G F M D F H Y A L M C J N M U
U E K A R X A V O T H I C M L C A J W P B
E C U G S C C L N N P N H O D U S J J T N
H Q K I I U I F I P I B E M O U V X G A V
C Y N E F S M H J M D B L Z S Z S Z M U Y
P G N G M L P X A W B A F C J P M E K S K
S T T Z K T A L E B E R R Y Y Q L B U V B
Q I N O I T A C O L I B U Z D N H J Z Y W
```

Puzzles for Logophiles 80 - Solution

```
V O Q Y R A L L U B M S I N U M M O C L E
Y E V X A H J B O I D O N E O U S R M R E
L C O I A E S C A L B Q D W B K L R F Z A
K O L I P Q A A S N F A A Z V I O U A A L
N C C R V U C W A Q O C G C F B L J U A
A T A H L I H O H E N U A U I X H E K K C
M Y N R Z P A A I K D G E V L H D V L X R
D V O O A A E D T N B O O T A U S D C O I
N F L A M G N D V O R B B R T U M P O V T
A R O N K E O D R I R J O T A E W Z Z H Y
B E G O U A C T X K T R A V E R S E R A D
S T Y N E A A D B I N E A O L G Z O A N D
U S D Y N U R A H M K A M B I T X B Y U T
H A E M A A P A F E M G K O U D A V K R R
Y V R U H Y Z E F R C A X H R T E P Z E B
X I R N P C L P W I X B E R I O W H J S F
F L A C O L M I S T Z A L S O T L G S I C
S O U U R S S U F Z U S O Z K I O O M S M
F Q Q L E M I R N H S K K Y H N Q Y G P J
S E Z E A G K R T M E Z O N R E H C E Y P
Z J M O P I P Z O Y P M Y H P O S O R Y P
```

Puzzles for Logophiles 81 - Solution

```
M U D W L T S P W D O H U H F E R W O B F
A J O M S Y V E R N G P Q Z Q O H W T D H
B G C N U D U P S U N I M A T J L P Q K Y
O L A X E R O S T O M I A T U D A P I S
T P J T N J J F O F P L A P I I M T X U R
R J D I E Y A C P N J C Y J R M A N L A P
Y X U U Y W A M F O K A U E E B A A J P Q
O W A P A R E H O C P Z P X Q E H P B L O
I T R P R L T A C K R F N A O P M S I Q U
D J C A M R I J R S P A R P E M U A J G T
A L B I P G Q S P K D P O C Y O U C Q C M
L G O A R V Y T M N E P O L U J Y R R A A
A Q U I F O R M C U E O L T U L C O E L S
B X G V Z M T I I B T U A P K E N P C L T
P Q L N H H F A R S F A H V X E A E I E
A B X L Y E W R E M B F H V D T T I P R
U K X W N M N P Z L E R K J Z A E H P Y B
X K S E V I T I D B A P E P L X P Y T G M
A X B R Y E G K L O S L S V Q P P N I I H
V Q F J H C U O M A R A C S O U A T W A Z
A B A C U L I F O R M X E H X S H M E N I
```

Puzzles for Logophiles 82 - Solution

```
R N T I V A A R Y I S T H M I A N X Z P I
P D W K O S S Z Q A C C O U C H E U S E A
I N U B B I N G C H E A T E E R U N O Z J
T Q N W P N Y R O T I M O V I E X I J T W
I Q E P G S E Q D U R H J A Z E P P O L E
A E E F Q A E K L O G O R R H E A O G G A
D T S O D Q R I B A N D F G B E B B U L X
R N P N M I Q S S D Z R F G M F F T L
O F X M A J P A Y R M Q W R A S X F H F Q
W V N X M E D A X L A O E I I R P D Q A A
N K O X W H L I L I X T U L J E T S A R C
A L O I W X P C N E S V E C H V I L B I T
O W I Y B Q G A T B A T Q C I K V M E B I
L T T G G L M Z A P N E F U R T I V E K N
C H I L G O Z A P E L A N T E A M B U L O
F O Z M I Y W U H D L W Z J Q P W H I M M
J N H P H D L E O I A M S W C U Y S L W E
T R O P Z S V O L I L C H K Q A K Y C T
R E P S E D B T I L T W I T H M O B G E E
T F V Q A H M X M I N S O O T H C X I H R
A G E N N E S I C A D E C I D U A T E K M
```

Puzzles for Logophiles 83 - Solution

```
G N I L D R O L L Q T Z L H B Y X T R I T
D P U F J A N F A H H A E E P X L D H B V
D X R W W O T R C D C T T G R S N A R C B
W T K Q C E J R K I A L F H A D I N Z E U
X N A T U R A L N R C C A Z D S A Q L X N
C R E Q V N E O E A X I I A T K S U W G T
J M I S E C R N F E T I L E K A B A Q W I
G R X R L C O O P V Y Q U O C J U B R M N
B T I U A E R B G A P W O W B I Q J D B G
A E F B D E A I C L X K B N N I B S L W B
I W R F C N T E A B D I A B O G H S Q C H
E L P Y J K Z T E A D U T U O M P V L E
N Z N O W C U U C D I M B U A L T T M Y R
T A L U V F F P Y O P O P C G B L S O A O
S I C W D V X M O A L J E E D W M O E J A
N E V C N W Y I N E J R J Q R B X U C F R
O C E W U C X Z C H V B H D N E P F E K C
F S X Q A B O T H A L H D K J Q X F F T H
Q L G V Z I I E T A L U C I T R A Q I L Y
J Z Q Z S O Z E Y Q H C Q S E Q R F W A V
Y Z X M N W Y J E P O C S O R A B Z J N R
```

Puzzles for Logophiles 84 - Solution

```
W Q X Q G K J M F V M R A L U C I N A I H
C J X T K Y M S I R A L O S E L Q F U L H
C V K Q Y H C R A L L O P K M S B X Q S T
J A X B U V E R Y E T C N H E U O H E D
H J J P T S I R O V I E U Q R A Z M L K G
B Q A H Y P L I D D W S K A I L B E B D W
Q O U C E T A K T Q W G R O B P R T B E R
A L T E K K H E D I C I H P A R E A E D R
I C U A R Y L O C J V E Z F A V T M L Z F
M X E Q N C A U N E G R F U W A Z J L U Y
A A D Q Q O I R M E D W Q X N R F G I H D
H I Y X U H M T D R S F R P H I L P K U
A L G P I I C A R A A S P L E G N W Q G X
L A Q B K A Q N Q B Y C G E H A N T J B
I L L T R E I U Z C N N L P V T Z S E C R
G O O F U B N I F V Y H Q G B U S S N U I
R N N F S N K T M S I E D I F G H Z T N T
A E Y Y R E H C U A B E D V W M B Q F R S
P X C E F N V H B M K Z E L Y A Q C Q J K
H U Y L H S A W G O H W Y P T Q I S S E A
Y F M W A D V E C T I O N X K W W G Q A Y
```

Puzzles for Logophiles 85 - Solution

```
M Z Z B W M U M N A R C O M A N I A S Y K
S M S I E H T O L Y H T D P D A S W L Z M
I S V C E V Y K A R A B A C C O S T E D A
L V B C Y K Y L H O N D M L A A I Z V K B
I C E N L B K I A S E O R L P Y S K I E Y
B O M B A Z I N E N M X O A P T U S G W T
A L V V G C B T H E O W S P B M O O V F T
B X B K R X U N O C C U B C Y H T B A D E
O U U U U Y R K Y C R A A L A V I V I D N
R G B I L A G J O A A Y Q L Y L X B L V I
P F C U G H E K Q C G I C H C A I I R D
E T H D R N S S E Q Y N I U P N Y W O F U
D L A F W S S Q U A E R E P O E T U A A R
X U R I D N E V K B T O E R R L U W D G I
W O T F C H G V A N X Y R P T A O S G U H
P B R R R S D E H X I U Z O D H O Y Q K
O S E Z H Z A C V S A B S V I G A N F S N
G A U V W O O A Y T J H A H B A M R O A P
J O S S R O Z O V T U M E J A M G S Y W B
S W E B Z H A Q S E E D M P O R T E N T J
M J A A W G Q J E B V I L L A I N O U S T
```

Puzzles for Logophiles 86 - Solution

```
M S I T A M G A R P Q N Q F O C J Q T G C
M O H M V W S E Y B R O A N T I S C I A N
C S T R K N N I F W Z E O F X N B K K C I
R Y I E Y K I C L U G R O R M P E N U A U
Q V E T U R I K S L S E O I M N L T R T X
X Z E H A Q A N S Y A H B A W T L F X A H
K Q Q S F V N L D U O T G A F D A N N L Z
Q Y A S T A I A L I B C E A G P R I P E M
L S A B E I C R C I F H B M N M Y R C P
A S P X L P G V P E C F C S I V I F H T I
N O O F D U R E Y N J N E U Q B N H J I F
I I P X D M N M C O F H A R U F E Z N C S
M Z E B A F H G R W H O F U E D A R K A O
R S M D F L N Q E K E M Z A Y N S W M H E
E A P X E S O R E G G A S O U T M X U V
T Z T U L R T C J D H S H I C Z E I Y N E
B U I K D T V G X G F O V L K N G B S X R
A V C Y D D F P N D V D S A K I D Y Q M E
Y G T I I L L N B A R I Q B O W C H W X H
Z H U F F I P E D G N I L D N E L B D I I
L I A E R U G I N O U S Y C N A Z C P X D
```

Puzzles for Logophiles 87 - Solution

```
Z P E D G F W H C W B E N E F I C I A T E
I Z N A I C I T C R A V E U C Y L Z D X Y
N M E L O P E P O N M U Y H R E T I C L E
H N R L P N B F U R B E L O W W H V W T Q
C E E R E C O P I D A E W E M B V X K A M
J R T I M B R E L W C O N D I T I O N S Q
Z K W R B J E V N A S A M G K I F V I K X
W T B T E W A H F Q Q W N U A U H E Q Z T
Q I V H L A U F O O H E B R V H U G C E
V R P Q Q E S I L K H L M F T I W F U S
I P Y U G K L K B S N W C U O C A A T G P
C S D I T B Z E I J C P H K T E N Y Q O
A W S K B Q C C I R E M C B U Z F J V F U
R O Q Z D A M R J F T Y Y S Y K X R S G S
D B D G N Q Z E C Y S A V G N D Z G M P A
I C K H R B T M I P T A O P I E B A L D L
N O Y A J M Z A B S B L Y F F W G K W T N
A C K L M N G Q Q E O B O N B O N N I R E
L K V X V E B L A I A I N A M O L L Y H P
N E T T A B U R P T X P X T I B I Y C B V
M I N A Q K X A X E G U F R E T B U S G B
```

Puzzles for Logophiles 88 - Solution

```
M C N L B K X X C J Z Q K O B T N O B F H
T Z U B J J E V W Y R O G I H P M A O H D
A R Y U M F A A C O L O U T H I C O J Y S
F O Z O R C M U W E X I R T A S R E B Y A
T R K Z C O Q Y N I M O N G I H R H N P F
E Y G I M S T S H O P O C R A C Y E U D I
R J N C N S L A V H S B O M B A R D E O S
G E U R I C I A I M S I E D H G K T G J A
U Z E E K V A E N T C Y P R I E A H E Q A
A H R T P C F T H G U R S L V M Q M D
R D E I M E X W N T W C M Z F A R B Q E H
D T D M U R O M B E A H A F G U U T Q O
B D E O B P E R Z P M V A P S L Q A G G E
I L V X R I A K S R I E K N I P D V U M S
F E L X X S I L C T E F S M G O I U G I I
Z V E B G L E Z R Z Y P Y A N E I Y S K H
G H B E F U T D A U Q Q A N B H R E V C L
Z C A S F J Q F F X B N A I N A O H V J P
Z S C D O L B U B A L I N E R N X V J T C
X O H L L X A Y E N I R C N A C Q X D L S
V B Q M S I N A H C E M T U M F E F A C J
```

Puzzles for Logophiles 89 - Solution

```
K E O W X S E T O X M B R U X O M A N I A
G J E R Z C Y B T B J T O A A T Q S E N O
M B B N L P W S O V I L E F G G W M N B A
S Z O K I T T M U Z V D E A M R U X S A C
I L E M J H B Q L E R E C N T J A I H A E
C A C B A P V Y U P E E P E A Q P G O T
I G K R S I U L K A R Y N J L R K S H R A
T B Y T O S L Q E B P M A A B C A O A R
S Z E Q X C R A A D O N X O G R D L Q I I
O R A M L E N T T I I Y E A O L S B P O
N G O M O Y E A U E F D E S V Q B I R A U
G E D U L L A M Q W E A T B S O U P E R S
A L Z E G E D I N E A E C Y M K K O L S J
M W Z G S X S Z H Q R V E O Q Y G T O O L
N O L B O A D D L E A H N V M K Z E Q N C
J A N A C O E N O S I S A E M L X N U A H
L V V F T S F E R I C S I R L U U T E R U
I S P R O S T R A T E T L S Q S L D Q C S
G A B E R L U N Z I E F O E R Q C A O H B
I S U M G Y R O B R O B E T T C Q U H Y Y
N Z K B L K G V Z D J X A P M U J N F X B
```

Puzzles for Logophiles 90 - Solution

```
F I H V K S Q A K M Q I C H O L I A M B G
D S V B F N O B N Q C O A M O G Y Z E O Y
O X R Q S G I S I T C W E N I L R E B A C
Z F A Q J X J W E L E B A N D E L E T I A
Z M Z X U Y M R S Y L J E L T A S P M S R
A A Y S M S I L A E D I E Q O C T R E E C
V T C U P N R Y B S B N N N P P M E H O
K N U O E D F V X I A R Y G T V E D T R
O A P E Z B R F U W O T B B S A P C A S I
B C B C N L X P A L R C Q Q O G C V I E U
S I D A P T A D B X B R I Y P A A U E A Q
E N A I T I O E B L Z Z D N W O T L P S
L U T L W T W P A D T G B X E W K H E A H
B M R L Q Z O Q E G A I O C E Y R A B B R
Q M E A N F K I B V O V N N B Z O Y E F
V O T M N V R S R R Z T Z T A N D O R M Z
S C S C U L Z E U I D O C Z R U R Y G I X
A T A Y T N E M T U B A K R N Y A Y Y I F
Q I N V K G W H E R E A T A P Z T T E F
N V A P S U O U T C A R F N A E I D X T Q
P H H W H E N C E S O E V E R F I D Z X Q
```

Puzzles for Logophiles 91 - Solution

```
Q R X C W Z V F A J E S B H M Y M E D N T
B I Q A M M F R M S N R U H I G U J X F F
P A W I U F D F C W A U S N A I T O E O B
E B L N W F E H O S V I S V I I O J B D A
I D U A Q E Q D S U N A K G D I U U P A W
M B T M N N A A K E Q A H O L J Q W A K M
Q C N Y X I R Q B C E K O I K J O I O U M
H O D L A D F F H R O I W M L G S B J D G
Z C T O P Z S E F A M C N I E P W F I E N
W I X P H M R Z R T R V A S I P P N E T O
C T W E L C O S M O K K O D O H F A Y A S
D R R H I X T X S T U O A M B A E F G M T
C O K E A E A P I I H S P O N E M F O I I
T P S Y P G C T G M J O R T U O B E L N C
X O H D B G N S A B U S O Q D V A E O A I
W T R I N U U Z M S E C S A Q T R R D X S
Z T R B Q O R V I L R A L J I G R R B U M
D O D O A D E E L A R I Z T D A U A B Y
N S M C T I B A C U S V O H S J S B H W A
Y C X O F E A Y O M B F G T G N S D R Y K
R T Z X T P R B A T H Y P E L A G I C S N
```

Puzzles for Logophiles 92 - Solution

```
M R Q N T A C C U S A T I V E Y J D X C A
N J D Z X I J K L A M S I C I O T S O N E
U I B I A H P K X U E T A R D A U Q A U Q
B I O Q O P S C H R E H V Y P Y T I T N A
O Z G O J P P I Y R B B T M D Y T F T S D
S R G C C P V Y A N L O F A Z W W E P Q E
S R O Y B L C F R J P Y J C R O H A X W N
E V S T G T T G S W X A F N I A N Z O U O
L W D H A O E Q L P Y U B H R O B P E R T
A L T M P G L U K D W B M C T A S R U D O
T Y J S O P E I Q H B H Y I Q S E Y G A M
E C H I A Q E L T E T C S D M T L P N Y
D X S P P F Q P L N H I K S R E F I L X Z
O M D Z O Y H E E A A E L W R I G H T E V
N B W L I S M T H L P D G O H R C I M V C
Q P L K H N O U O T C X Y F R O D I X V B
A M O I O K S T I O Q Q V R W E N X X T D
R N N I Q T S C Y X S K Z Z J D A M X T K
T K D S L U I G N H G N A V A T E N T P A
J X D E H S E K R F P H X R O F P J F Z Z
I R Q V M X D H T R E V D A M I N A T T S
```

Puzzles for Logophiles 93 - Solution

```
A D J M L E P B C Y B H H V D E O V E U Y
O I Z L D H G P E S A S P A R I N E T J N
C O F W R O T A O W R A B U S G W U S Q Q
V N R Z J Q W N D G A D Q K Z R Y M O U M
H O Q P C E O C Y B S R W M K L H Q H I S
D L T F A R D N R G I E M S D P E L T D I
Y E E E O W R B D B N D U I Z F R I H S T
G B S U H D R C L Z G L T L F R A S G W N
I B S A U C Y X A B H A I A E O R N I O A
A C H A G A C Y B M A B B R O N X B L R R
E I B V U A J H I K Q E U U G S T P P T O
R T S T Z A C T R R N T C L D N Y R S H N
O R I R D T G I S I C U C P B R I W O L G
P A Q A B S A D T E H A A H R C T Z S F I
H H I T D I Y N J Y U L L H H P L X I Q Y
O T Z I I A N O R D Q O O S H Y N M E R
N A H Y F G O B Y N C M G O O Q Y V S
E C G C I C H C E T I A Z A R I A V C B H
B O L R C T B X B S C W Z W W M S K R K O
L N B S F A N A M J E J Q Q U I Z M G J A
R A Y C N A K D C A C A N A C E O U S V C
```

Puzzles for Logophiles 94 - Solution

```
G D J D E I P N O S O P H Y M E N J F C K
E A D R A P O L E M A C C Y D Q V O B B H
B I K S S N B T X V M D I S C O M A N I A
P C B R A C H Y P T E R O U S F E K D N M
X N M R X N T E P H T N G P O P I N J A Y
U E H I G H T G R T I J U E P I M M X G B
Y R E L A P T E R Y G I A L N C M S D D R
F E B B M S I L I B I L L A F T J E E C V
Q U M R I C A G S U O R E F I L L E B F G
F Q B F E S Q V G P L Y O M F A S E S E K
D P P S H V T Y Y A G E R Q I R V L Y X J
Y H U U E E R G R T O X A M A S E S I S
C R I O E U R T E T S A P M P H J H C M V
A V S B A K T E W W T O T Y H B H U A X R
R S O M Z O R P U B U D D L E P Y H D A V
C T P O C X G U P N K B J O N E E L U Z W
Y K T B T M U G B B T I C F O Y P Z C H N
L R O A C O Y S C I M O N O R G A N I X R
O S U N I C A B L U E N T N Z J Y J T O F
P I W V N A I H C A R T A B J I R J Y R Z
Z N U X V O A S U R I B A B Z F J T Z C T
```

Puzzles for Logophiles 95 - Solution

```
M E N I L E H P O N A Y G R R U G G V W Z
L M S I R E T O S O T U A X A Q G B C Z O
H I D S A D G A S T R O M A N C Y O F B N
M S I T O I R T A M I V K A N F R D Z U S
I Z J B E S Z B R W W K K M T H O O P C Q
D M P Y F N E D X O X R N B R G F R N K O
Y V F N A O G D S U L H E R U T D L A Y Q
W A A H N Y P Y N K A F H Y P H S S J E X
L N G E T T E U O R B N O U Y J P E X L N
O O A A A A P P A U M E R S Q W U G N G F
T D P I L U P C A Y P R I V I R R R R A
H O E B G O J K X J O K M I E X L E X A L
E N T O I R S L K C Y H B E G G R N G B M
R T B H C E V O B Z M O E W I G M A Q E A
W I Y P D S U W I Z O G D D T P C O Q L C
H A G O L A M S Y H T A B U E E O B N G A
E Y B R C R D T N X O D E Q R L O C C R N
R I T E X B U H J Q E W A I Z H B P B A T
E I A A R T O D F Q P U E D S R L B S M A
H F D M S E N H O E B S I C I C N Z O J R
S A F F R A Y E R Z O O P H Y S I C S H S
```

Puzzles for Logophiles 96 - Solution

```
T F E T A L U T N A U Q C M Z E X W Z R Y
U Q N J U A M O B I R F S W L Y E Y S R I
U G G K Z U W E R U B T Q B L L G R S A E
Q I M A F Q R E R L E V B O B M K P V L F
Z A L H S C V G X Q K A T A G N Q W S L S
C L I X E U J A D Y R H P B L A U W B O K
H L R A W K W T I B E L H R T A J B X L I
A U U W I M C R V R A Y P I D G Y O B A A
M V C K T C C O A P X S L T Q J N R P L B
P I P H A I V P B C C I N G J E B V I L
A O F M C T Y A S O O P M C B T Y I U A A
I N T R U O I V L M T S E I E H E N K V C
G Y A X M H K D A A I N P M Y T G A S W T
N Y Y I P C U O H A D O E C O D R P B A
U I W B N A Q R C S I H J L A U O C O X T
U U N G A R H R I A C A T I R Q B H N P I
P E A T T A T J T C S R A C G G Y E Y O
O T B N E N R J I K K B D R O G C O X Z N
W C U Y A A H P Z C X T D C S A I Q W F Z
T H C Z B D I C A L P K I H E M O I D K P
K J F A C T O T U M F T Q U M D S N L N G
```

Puzzles for Logophiles 97 - Solution

```
X Q O X G R V B A R L E Y C O R N R L F E
U S E M O V E D L Y N V K E M A T E E P X M
R O A K I N E S I A B I S Q X P V M E S O
O O B M P I A A Q M O P J X S F I M R U C
D G R E M M U S S E R B B I A W I U E N D
T E A W W S S I S E P O I S O P A M G I K
I N V V A K R L O G T C E L P M A A R H H
W B H E B O R E A A V O A C V R C E I C K
E P X K I V J S N P S T E N I L A G N E B
T A T L I V E A F C A N Z I B I B K A T E
N A E W J L T U E Y S U P G B A K T N N
E M M Q C O T L B C Y H U A C B X B E A A
U K F Q C A A P A W X A M O D R A C O R B
N O A I N T S R E G T M C G U Q J V T G Q
N E S U E B C U W R O R C C F T U K N Y O
A M H F B O G T A N C V R W I V P G B Z X
S U Z S H S Q P F L O H D T X P M U O G N
M L W P F T W D T I L A X D P I T L P R
A C E U U O U U N G C S K N Z S C T Q O C
Y S N P B N K I K B O L M R C Z O E E A V
P N A Z T K L O P E M A N I A E J Z C R H
```

Puzzles for Logophiles 98 - Solution

```
I J V X E C E I P R E T F A G A R C S X Z
K E C N W M F B B B N X V B Z G B G L J A
Z G Z P J J R W R U I C U P P E E M S T E
L C Z J G A A A M C P C R O E T K I P G R
M G X L N L B W G C E L S A O J I E N E
A I Q I O I L M N I C Y T E V R F I L O N
N S F N U E T I N R T I L W L A I M E N C
O I Y N S Q R A E H N G N H E H O V A R H
B M D Y K C L A E G A O E T X T M Y N E Y
E E N M A G N I S N V O E F A J T R T H M
K T F S N T S H I X G T W A A M X U I T A
T S Y A A M R F I B V I T E A M D R S I Y
N A C V G U I E A S G J O S H U A J T H L
E C A P N Y M D T I C H E C D P O N R E N
M B R L O J N Q S I A H U Y Y D O O B Z
T E C R Z W A S I C R I V Q I W P P U S
S W O F I W A U R L W E R A E I J W H Q S
I F G T S N Q E E Y E U L G T H R G E R I
G U O R I X R E S O C H F L E I G P X O J
A W L W S F K J P S Q Y K O O B C C A V Q
H O H I G H J I N K S Z W V S U L I R I O
```

Puzzles for Logophiles 99 - Solution

```
M M Q Z T D T E N I R E S N A E D Z P O I
K F B E D E G R A D E A S A L D S E U C F
D M Y N T L Z M N E R T N A L I D Y E O Y
E W U D H W J I U P I A S B M N T Y K B G
L G T Z E G A P P A C K R H C E I W Z B U
D G O L T M Y I X A R O T O K E R J A A M
N O O G A L V F M C C X T N G E T N P N S
I M Y Q E J K P V H L R A P S I D P D V C
R R Y I F U T V I K E L S N W T R M Q A A
B O P V N I G U L P B U E B Y O S T R N F
P F T X C R X R A I C P E C P I A X E T M
K I O M L A A L Z C I L H I N N Z A X I S
Y E O E Y U A C E C L I N A A S B J R S I
R L H L Q M N S A C S Q I N P I E Q O T R
C U S O L H S C O M U D D T L D V I G R E
Q C R D Z M M T W I I R A B U L I A M O M
W A E I M E E S T F I U T G X G H Q P E
O P B S A C Z Y I O G F Q Y F V Z I H H
R L M T H A Y L U C C R P T M Z O P S O U
U Q U I V Q O S C S A G J V H O P E P N E
C W B C D S R J T D L R Q P W X E A M T W
```

Puzzles for Logophiles 100 - Solution

```
Y M C Z A E I Y A V A L G I N U R E S I S
R I B F R O S T W O R K P O N Y D F Y A R
A M G E H T H P O P A M J O K W F F B T
I A E V K P R K W B R R M O O J F X A J A
S B L F T W A X D R D O O Q G E R L S B
I S I Z E D O A R Y S F B K C O B G T D O
R T R E V A L R B E I I M S Z R U C S I R
C E P Y Z A C A O Y S N A M I C E M E K T
O M U E D J L Q G V E O H G M L T R X W I
P I G A L I F E G D H B G D A A E O V E C
A O X X C F W Y A A T A H N P A M F N I
V U L O B V V Q R V N S A Q X R O I H I D
O S R Z U S L N T C A H X N A D T N S R E
C N S W L J Z X S B U W O T S W I O I R E
J J A G G Q C R A T J D P S M O V F F E N
K H J M U E A M Z K O T C F I L I U F V I
Q R L G R N W W U M M U J Z H F S B A I L
Z C F H A Z K I F T A Q P W A F M J R V L
M Y P D M O N O P H Y S I T I S M U U O I
U U E Z Z P M U E Q U D M Y J F V L M U
Q M X T T S A Z R Z G O A Q O B F D N B S
```

Puzzles for Logophiles 101 - Solution

```
W K W P K V P A N O I T S U B M A X G V X
D M S I C I L Y H Q J A L T E R N A T I M
R S A B M Y J M S I N A L A B Y C K M Z Y
N I B U L L A C E T R K Y U T A S C E C I
U X F V U T E P H C O M O G A E U Y S Y J
H I A J H R S V E I T J G Y Y S O K U K O
I M M Y U R Z A Y K Z G M S M O L T R O E
U I N F U Y H R J G Q Z O D N P U K I Q N
Z H I E M E I M E L L X P N B I D T E A J
T P O U Y L R A L L O Q U Y F A I F N S M
S M M D N L L X C X C U M A S N C B T W S
I A A J D K Q I O M E K A H S E A A Q E U
M Y N E J H G M S I N O D E H A P V C V L
A A C L V O N X Q P O T T A O T E D Z E U
G F Y I G A B P I R S R U B O M V B W N C
A P L A Q F E R P I A E S T Y N J R V M A
M V D R S Z E R G F A J I B Y T H C A Y B
H P L N U A N A T I A C N T K S Q H Z A W
V I F G X H Y A U M C R S U B L I M E S I
K P A R A L L E L I S M A P P L A N A T E
X J I H P C U Y R E M M U L F U H I V L T
```

Puzzles for Logophiles 102 - Solution

```
Y E T G W W G O Z D Q H Y R T A R R A B Q
K B I B L I O P O E S Y S S X A H K O A K
I G R C W C E N R T Z C R E K K V Y A I Z
R A T H E R I P E U E Z N M Q U M B V S G
D V D H F T V T C B I U O D B B R R R B
L M D Q H N E W P U D L H N F E H O O E S
B M M I Q B Z U L Y B R J T S A A U T G I
Z D N K I X K W E R E J P L T H G A A N
R G E M Y T A W Z T U C A N J K M H Q W A
E V G S L R Y W E A W H I T H E R A C M N
T M N I K D A X Q T D B O T X F A M S E H
E K I O I W P T L S N K M D N C J I R M E
M H C Z D I X L V E Y M U R V A E E W O D
I H C P R Y E A S B F C U O Y H P A C K O
L N A Y X A D A C C O L E N T M P L O X N
A R J X O M M U L F Y W J O A I C U E Y I
K M A C I L E N T T G B N B S B I G Q T A
L E T S I L U R E U Q E A T Y I L E L U P
A U Y H P N U L M E H F I B E B B A G E K
H Y H C R A N H T E H A C U Y S N W G Z Q
F R B A G R O B I O L O G Y P O U X A L I
```

Puzzles for Logophiles 103 - Solution

```
A G A L A C T I A M Y B U C E N T A U R U
T I N A I R A R E N I T I E Q S J X P Q R
B N J U J Q B I D J F C L D T F C J A B J
A D T O V E A A X B Q Z W H L A U Q I Q C
P I Y A A S E C S Y V P O C A O P V J U W
A G G V R F N L E C S F W O I W H X N M E
T O E H A Q U Y L L M U F R N D W E R O B
E R Y Y C U G H R E D Q B B P Q I X B A N
T L Y K I A Q Q D R R A Q A A M W X R F O
I A M A T B I D R H P A M D C A F B R E I
C U A H S T I E B W O H U A A Z I K A T T
J D Z C U F I A C A T E S Q R C K U M A A
R I Z Z O B O N A S U S D O A K I O B R C
X R E V C C Y C K Q Q Y I N K A R F E T I
R T B Q A Q W J I A F N S X L M J H R S F
N A A A S I C U W F E J P K B R O X J O I
X U H V I U L V I R X Q O D K A O C A R N
B Q I W G K W J X O L G R I R H W B C I O
M P A Q U I L A T E D V T Y A D D C K B B
U Z X U E U T R I V H V W B A A C J O Z Y
K H O E A D E A I N G A L O G L A B G Y E
```

Puzzles for Logophiles 104 - Solution

```
I M N L X P U J C J W R U M A I N S T A Y
M B S U X Q I A S C A D B Y S F A N M P J
M R C I N R C F X A U H K B S C N Z U J S
S E C T R C L D D U T W Y K A P N K B M A
I H E D D O O E I O W M N N G U C B E S T
M O G J I H I M I P F H T C Y Z I Y U I Y
S N O L R O A T M F E H E N S W Q Q V L R
O A G I V P T E U O A L A C C I T E E A O
C N A O P V A T O T N K B F P E H N T U M
I T P U E P N W A N Z H I X W L I I N T A
T A I I L F G N W L I Q X H Q D Q C A I N
E P Z U M O B I K W B A M F N Z L Q S R I
H O H N G O U P I Z J M N A A M B Z S I A
T L U E Y Q R C J T R S M Y W B F Q I P T
E O O N R O Q Y H E X L B L E N C H U S D
O G V I E K E P B E A E R X E E K Q P M M
B Y Z S N M H I A B N E G A T E X X A W Z
U J Q S E J G S X X K M S I L A U T U M U Z
P U X Y V N Z S E T S I N O G A G Y Q I W
S D I B I B U F B V X P X J X R U C M H L
Y L F Z A B S I N T H I S M E I N R N N N
```

Puzzles for Logophiles 105 - Solution

ABACTOR
BONZOLINEA
POMRUOGAE
AEA
OME
MECYNN
NTME
REMMAG
EAMORTALISM
HSQUELCH
WXYHCRATARTS
BALISTRARIA

Puzzles for Logophiles 106 - Solution

NOITAIHCARB
ABUNA
MSIDANOM
CITSAMINA
NAGINANEHS
POTATION
ABAFT
LEPIDINE
ELARCENER
BACILLICIDED
SCABOOSE
ABEEBN
CISUCANA
CHARMANTE
POPOCRACY
ENICAPOLOCS

Puzzles for Logophiles 107 - Solution

DIORTSICNAEPIPDNATSU
NEET
ABSOLUTIVE
SIDERISM
PARTPALC
ETANILCCAS
AGGRATERE
SELBBOWYLLOCU
MSICATIS

Puzzles for Logophiles 108 - Solution

RETEMOREA
ARADN
BTUAE
SIHTRAGNS
DANDIPRAT
BUCOLIAST